自由に機嫌よ る人が、毎朝していること。

HAL ELROD

ハル・エルロッド＝著
鹿田昌美＝訳

［新版］

人生を変える モーニング メソッド

大和書房

THE MIRACLE MORNING : THE NOT-SO-OBVIOUS SECRET GUARANTEED TO TRANSFORM YOUR LIFE (BEFORE 8 AM)
-UPDATED AND EXPANDED EDITION

THE MIRACLE MORNING : The Not-So-Obvious Secret Guaranteed to
Transform Your Life (before 8am)
- Updated and Expanded Edition
by Hal Elrod

Japanese translation published by arrangement with Miracle Morning LP and
International Literary Properties LLC c/o Park & Fine Literary and Media through
The English Agency (Japan) Ltd.

この本を、生涯の妻であり、僕のミューズであり、
僕が知るもっとも素晴らしい人間であるウルスラに捧げる。

ソフィアとハルステン、僕の人生における最大の祝福。
きみたちの父親であることは、僕にとって何よりも大きな意味を持っている。

1章

妥協しない朝が「理想の人生」をつくる

2章 自分に投資するのは「時間」だけ

3章 95パーセントのリアリティ・チェック

4章

明日から「朝」を変えるマインドセット

5章 スヌーズボタンを使わない目覚めのポイント

6章 確実に人生を変える6つの習慣

7章

6分間で結果を出す短縮版モーニングメソッド

10章 明日から「新しい自分」を始めよう

最初の30日間の旅

11章 至福のベッドタイムのためのイブニングメソッド

12章

自由になる
最高の人生は今日から始まる

巻末付録　あなたへの4つのプレゼント

この本を手に取ってくれた人へ——あなたの人生が今日から変わる理由

きっと僕はあなたとは会ったことがないし、あなたの現在の人生について知らない。

あなたは今、とんでもない次元の成功を収めて充実感を味わっているかもしれないし、人生最悪の辛い時期を耐え忍んでいるかもしれない。

それは僕にはわからない。


それでも、僕たちにはいくつかの共通点がある。

一つ目は、**「人生と自分自身をもっと良くしたい」**と願っていること。


それなのに、ほとんどの人は毎朝目を覚ましては、昨日と似たような1日を送っている。

人生が停滞するのは、同じことを繰り返しているからだ。

この本を読めば、**人生を変えるもっとも簡単な方法は、まずは「自分を変えることに時間を費やすこと」**だとわかるだろう。

あなたが毎日、自分の成長のために時間を使えば、人生は必然的に良くなっていくのだ。

二つ目は、これまで、どれだけ逆境を乗り越えてきたとしても、これからも困難はあるし、苦しみは避けられないことだ。

人生は厳しく不公平で、ときに痛みを伴うかもしれないし、限界を超えるような苦しみにさいなまれることもある。

それでも、**すべての逆境は自分が学び、成長し、今までよりも良くなるチャンスだという希望を持ち続けることができれば、運命は素晴らしく拡大していく。**

過去の経験を洗い出してみてほしい。たいていのことが、最終的にはしかるべき形の決着を見たことに気づくはずだ。

これまで直面した難題のなかで、「絶対に乗り越えられないし、もう耐えられない」と思ったことは何だろう？　破局、解雇、愛する人の死、そのほか精神的・感情的・肉体的な苦痛……人によってさまざまだろう。

でもあなたは、そのすべてを乗り越えてきた実績がある。その実績こそが、これから先もあらゆる逆境を乗り越えられることを示す、かなり確実な指標なのだ。

だからこそ、忘れてはいけないことがある。

それは、人生がどんなに絶望的に見えても、**状況は常に変化すること**。

そして、僕たちは**どんな困難にも対処できる**ということだ。

あなたは今、人生の物語を執筆している最中。そして、素晴らしい物語には、困難を乗り越えるヒーローやヒロインがつきものだ。

実際のところ、困難が大きければ大きいほど、物語は素晴らしくなる。

あなたの物語がこれからどうなるかについては、何の制限も決まりもない。あなたは物語の次の章に、どんな話を望んでいるだろうか？


ぜひワクワクしてほしい。

なぜなら、あなたの可能性にはほとんど限界がないからだ。

もしもあなたが今、逆境のさなかにいるのであれば——私生活や仕事の悩み、精神的、感情的、肉体的、経済的な災難、人間関係の苦しみなど、どんなことでも——知ってほしいことがある。

それは、「モーニングメソッド」によって、あらゆる職業や地位の人々が、克服しがたい試練を乗り越え、大きな突破口をつくり、現状をひっくり返してきた、ということ。

しかも多くの場合、**ごく短期間で実現している**のだ。

ちょっとだけ本を置いて、深呼吸してほしい。

僕らはこれから一緒に旅に出る。

それは、あなたが心の奥底で眠らせていた欲求と意欲を引き出し、一つ一つ実現しながら最高に充実した理想の人生へと続く旅だ。

あなたが心から安らげて、最高に幸せな人生。

そんな人生を、あなたはいつでも手に入れることができる。

あなたは欲しいものを堂々と「欲しい」と宣言して、自分の潜在能力をフルに発揮すればいい。

この本を読めば、その方法がわかる。

今日から始まる新しい人生にワクワクしているだけで、見える景色が変わっていくことに気づくだろう。

愛と感謝を込めて　ハル

[新版]で変えたこと

僕が2008年に「モーニングメソッド」を開発する決心をしたのは、リーマンショックの最中だった。僕自身が八方ふさがりで、収入の半分以上を失い、仕事、家族、健康など、人生のほぼ全分野にわたってもがき苦しんでいたときのことだ。

当時は自分が「朝型人間」になれるなんて、思ったことさえなかった。でも、人生を逆転するべく、長年にわたり効果が実証されている自己成長のための6つのメソッドを始めた。これを朝のルーティンとして取り入れてから、既に15年になる。

そのなかで新たに学んだことや、新しい教訓をたっぷり取り入れたのがこの新バージョンだ。僕個人の進化に加えて、読者やモーニングメソッドの実践者からのフィードバックや要望を踏まえて、すべての章に大幅な改訂を加えた。最初のバージョンを読んで実践した人の疑問に答えることにも重点を置いた。たとえば、次のようなことだ。

- これまで「朝型人間」になったことがなく、なれるとも思えない人は、どうすればいい？

▼モーニングメソッドを長い間実践してきて、マンネリを感じ始めている人が、再び楽しくできるようになる方法は？
▼すでにやることが多すぎるように感じていて、スケジュールや生活にこれ以上何かを追加するなんて考えられない人は、どうすればいい？
▼モーニングメソッドを使って、具体的な目標を達成したり、直面している困難な課題を克服したりするには、どうすればいい？

これらの疑問に答えるのに加えて、新しく2つの章、「11章：至福のベッドタイムのためのイブニングメソッド」と「12章：自由になる――最高の人生は今日から始まる」も追加した。

11章では、心からの感謝と幸福と平和に包まれて眠りに落ちるための夜のルーティンの手順を紹介する。とくに、人生が難しい局面にあり、ストレスで頭がいっぱいのときに役立つはずだ。12章では、マインドセットを変える方法をお伝えする。これを使えば、どんな状況でも……とりわけ人生が辛いときに、「自分がどう感じるか」をコントロールできるようになる。

この本を初めて読む人であっても、すでに最初のバージョンを（何度も）読んでくれている人であっても、この「新版」は、あらゆるステージにいる読者のニーズに応え、期待を上回ることを念頭に執筆した。

この本に含まれる数々のストーリーと教訓が、最高に素晴らしい人生を創り出すのに役立つことを願っている。

あなたはその価値のある人間だ。

100万人の朝を変え、人生を変えた本

2012年12月12日に『朝時間が自分に革命をおこす――人生を変えるモーニングメソッド』を自費出版したとき、僕には、「僕の人生を変えた朝のルーティンをできるだけ多くの人に共有する責任がある」という確信があった。

その後、この本で紹介したメソッドが、たくさんの人の人生に与えた影響の大きさを目の当たりにして、僕の責任感はさらに大きくふくらんだ。

そして、もっと遠大なことを考えるようになった。

それは、**「毎朝1人ずつ、100万人の人生を変えること」**だ。

無名の作家であった僕には、100万人にリーチする方法など、さっぱりわからなかった。でもこれが、おそらく残りの人生で取り組むべき意味のある目標を与えてくれるだろうと思った。

だから、この本を100万人以上の手に届けるまで、揺るぎない信念を持って必死の努力を約6年間続けた。

その間に、がんと診断され、生存率は20～30％と告げられた（この件については後ほど）。

でも、ありがたいことに、使命はもはや僕ひとりで背負うものではなかった。

僕ががん治療に専念している間にも、モーニングメソッドは国の垣根を超えたコミュニティへと進化し、世界的なムーブメントになっていった。

本を読んだ人がそれぞれに大きな変化を体験して、自身の経験を共有し、本を別の誰かに紹介してくれた。原稿は37の言語に翻訳出版され、100か国以上の数百万人の手に届いた。

現代は、これまで以上に、僕たち全員が「人類という家族」であり、〝違い〟よりもはるかに多くの〝共通点〟を持っていることを忘れてはならない時代だと思う。

僕は、この地球に生きる仲間の一員として、あなたが思う以上にあなたを大切に思っている。

かけがえのない人生を、妥協して生きるのではなく、心から満足して生きてほしい。

世界中にそう思う人が増えたら、きっと世界は今より素敵になる。

この人類史上きわめて特別な時代に、あなたと使命を共にできることに、深く感謝している。

さあ、一緒に最高の一日をスタートさせよう。

人生を生きる方法は二つしかない。
一つは何ひとつ奇跡ではないように生きること。
もう一つは、すべてが奇跡であるかのように生きることだ
——アルバート・アインシュタイン

奇跡は自然と矛盾して起こるのではなく、
自然について私たちが知っていることと矛盾して起こる
——聖アウグスティヌス

私たちは毎朝生まれ変わる。
今日何をするかが、もっとも重要なのだ
——ブッダ

はじめに――一度死んだ僕がモーニングメソッドで復活した話

運命の日、1999年12月3日。僕の人生は「上々」、いや「最高」だった。

大学の最初の1年を終えた20歳の僕は、1年半前から、国際的なカトラリー会社 Cutcoでトップを売り上げる営業マンのひとりとして、ありえないほどの素晴らしいキャリアを築いていた。

メンターと家族の支えのおかげで、社内の数々の販売記録を塗り替え、年齢にまったく見合わない額を稼いでいた。

また、愛する女性と熱烈で真剣な交際をしていて、応援してくれる家族と、最高の友人たちに恵まれていた。

自分は本当にラッキーだと感じていた。あの頃の僕は、世界の頂点にいたと言ってもいい。だから、まさかこの日の夜に世界がひっくり返るなんて思ってもみなかった。

午後11時32分、ハイウェイ99を時速70マイル（約113キロ）で南下。

冬の北カリフォルニアの寒い夜、僕は Cutco 社の北カリフォルニア支部会議でスピーチを終えて、車で帰宅する途中だった。

スピーチは上々の出来で、人生初のスタンディングオベーションを経験し、僕は有頂天だった。

その気分のまま愛車のフォード・マスタングを運転していると、突然、飲酒運転の大型シボレー・シルバラード・トラックが、高速道路のセンターラインを割って、時速80マイルを超えるスピードで僕の車にぶつかってきた。

2台の車の金属フレームが衝突し、悲鳴のような音をたててねじれて壊れた。

車内ではマスタングのエアバッグがものすごい勢いで膨らんで破裂し、僕は意識を失った。なおも時速70マイルで高速移動していた僕の脳が頭蓋骨に衝突し、前頭葉を構成する脳組織の多くが破壊された。しかし、最悪の悲劇はこの先にあった。

僕の車はスピンして制御不能になって対向車線に飛び出し、2台目の車——時速70マイル以上で走っていたサターンのセダン車——が僕の運転席側のドアに衝突した。

左側のドアが壊れて僕の左半身を押しつぶし、11本の骨が折れた。人体でもっとも大きな骨である大腿骨に凄まじく強い力がかかって骨が半分に折れ、一方の端が太ももの皮膚を突き破り、スピーチのときに着ていたよそ行きの黒のスラックスを引き裂いて穴をあけた。

左腕二頭筋の下に隠れていた上腕骨も同様の運命をたどり、二つに割れて、その一片が皮膚を突き破った。

左肘は粉々に砕けた。前腕の橈骨《とうこつ》神経がちぎれ、脳と左手の間の伝達が遮断された。左耳がほとんどちぎれて、1インチに満たない皮膚だけで顔にくっついていた。

左眼窩《がんか》は粉々になり、眼球は支えをなくした。金属製のルーフのフレームが頭に陥没し、頭蓋骨の上部にV字型の切り込みが入った。骨盤は愛車のドアとセンターコンソールに引きちぎられて、3か所を骨折した。

このすべてが数秒のうちに起こった。

停止した車の上には満月が輝き、衝撃的な光景を照らした。僕の、頭のてっぺんから腕と脚のぽっかり開いた穴まで、全身が血を流していた。

そして僕は愛車のドアのねじれた金属製のフレームに左半身をがっちりと押さえつけられて閉じ込められていた。はかり知れない痛みに耐えられず、自己防衛のために肉体がシャットダウンし、僕は昏睡状態に陥った。

僕より数分後に会場をあとにした親友のジェレミーが、恐ろしい現場に到着した。

ジェレミーは車を道路脇に停めて、僕の様子を見に駆けつけた。彼がのちに僕に語ったのは、ホラー映画のような光景と、生気を失い、顔はぐしゃぐしゃで血まみれの僕だった。

何度も呼びかけたが、反応がない。ジェレミーは脈を確かめ、「待ってろ……」と僕に言って、911に電話をかけた（と、後に聞いた）。

被害者意識は役に立たなかった

消防隊と救急隊が現場に到着し、50分かけて僕を車から引き離し、ようやくジョーズオブライフ（倒壊した建物や事故を起こした車両などから人を救出するための装置）を使って、車の屋根をこじ開け、僕を引っ張り出した。

この作業の間に僕の血液が尽きて、心臓が停止。呼吸が止まった。臨床的には、僕は「死亡」していた。

救急医療隊員が、僕を最寄りの病院に空輸すべく、到着した医療用ヘリコプターの後部に、生命線が切れた僕の身体を急いで運び込んだ。

点滴をつなぎ、心肺蘇生を施し、除細動器を使って心臓に電流を流した。6分間も心拍がない状態が続いた後に、心臓が再び鼓動し始めた。

ありがたいことに、僕は生きていた。

しかし、生き延びるための困難な戦いは始まったばかりだった。

6日間を昏睡状態で過ごした。

哀れな両親は、存命のために闘う息子を見て無力感にさいなまれ、最悪の事態を恐れて、片時もそばを離れなかった。

両親はすでに子どもを1人失っていた。僕が8歳のとき、妹のアメリーが生後わずか18か月で心不全で亡くなったのだ。末っ子を失った両親は、今度は長男である僕を失うかもしれなかった。

ようやく昏睡状態から目覚め、何が起こったのかを告げられたとき、僕は想像もできない現実に直面した。「二度と歩けなくなる可能性が高い」。僕は、残りの人生を車椅子で過ごすことになる。それが医者の見立てだった。

「新しい現実」を受け入れるのは容易ではなかった。

「二度と歩けなくなるかもしれない」と言われながら、今後の人生を想像するのは、あまりにも難しかった。

折れた骨をチタンの棒で固定する手術を何度も受け、肘にネジを入れ、眼窩の砕けた骨をチタンのプレートに置き換えた。

脳の損傷によって、自分がいる場所や、5分前の出来事や、今さっき言われたことをしょっちゅう忘れてしまうことにも、気が滅入った。

左手も使えなかったし、医師からは左手が元に戻るかどうかはわからないと告げられた。さらに、骨折した左眼窩は、治療を受けて包帯が巻かれていたが、包帯を外しても左目は永久に見えない可能性があると言われた。

見舞い客が帰ったあとの夜遅い時間が、一番辛かった。

眠れないまま、自分のバイタルサインを監視している医療機器のビープ音を聞いては恐怖を感じ、心が押しつぶされそうだった。

残りの人生を車椅子で過ごすことになるのか？　他の人に世話してもらわなければ生きていけないのか？　いつか自力で生活できるようになれるだろうか？　これからも自分の目標を追求することはできるのだろうか？　なぜ僕にこんなことが起きるんだ。何も悪くないのにこんな目に遭うなんて。理不尽だ！


でも、ほどなく気がついた。

被害者意識は役に立たないし、自分を憐れんでも意味がない。

僕にできる、そして誰もが持っている唯一の論理的な選択は、「事実をありのままに認め、変えられないことを静かに受け入れ、自分が持っているものに感謝し、状況にかかわらず、自分の望みを積極的に形にする責任を引き受けること」だ。

医師たちの言うことが正しく、僕が残りの人生を車椅子で過ごすことになるなら、僕自身が選べるのは「惨めな思いで生きるか、幸せになるか」のどちらかだ。

だったら僕は、**「最高に幸せで、もっとも感謝に満ちた車椅子に乗っている人」**になることを選ぼうと決めた。

それに「二度と歩けない」という見立てをそのまま受け入れる必要はない。医師が間違っていることだってある。

最悪のシナリオに精神状態や感情を支配されないように、いったんは受け止めつつも、自分が望む結果を生み出すことに全力を注いだ。

歩いている自分を思い描き、癒されていく身体を想像した。回復力と奇跡を祈った。そして行動した。毎日車椅子で理学療法トレーニングに通い、「歩けるようになります！」と力強く宣言した。

起こったことには意味がある

病院に閉じ込められて回復とリハビリに追われる手強《ごわ》く苦しい3週間が過ぎた頃、医師の1人が前日に撮影した定期検診のレントゲン写真を持って病室に入って来た。

そして、困惑した口調と表情で説明した。僕の身体は驚くべきスピードで回復していて、最初の一歩を試す準備が整っているようだ、と。

驚いた！　いくら僕が楽観的な人間とはいえ、歩けるようになるまでには少なくとも6か月から1年はかかるだろうと思っていたのだ。

でも、その日の午後、僕は最初の一歩を踏み出した。正確には三歩だ。

車椅子から四点杖に移行して、歩くための練習に7週間かかった。

左目の視力も回復した。

左手はまだ使えないので、医師の判断で親の世話になることになった。数年間のひとり暮らしの後に母と父の元に戻ることは一番目の選択肢ではなかったけれど、この状況なので、両親に甘えられることに心から感謝した。母は僕が家に帰ってくることに大喜びした。

両親と同居し、働くことができない僕には、考える時間がたっぷりあった。

今回の車の事故を、前向きにとらえるにはどうすればいいだろう？

一番下の妹のアメリーが1歳半で心不全で亡くなったとき、両親はその辛さを目的意識に変えて、子どもを亡くした親の支援グループを率いる活動を始めた。アメリーの命を救おうとした病院のための募金活動も行った。こうした両親に触発されて、僕にも何か同じようなことができないかと考えたのだ。

ある日、父の運転で理学療法トレーニングに向かう車の中で、僕はこんなことを言った。

「起こった出来事には意味がある。しかし、『どの意味』を選びとるかは自分次第だ」

さらにこう続けた。

「ねえ父さん、事故の前に、僕が会社のイベントで話すのが好きで、プロの講演者《スピーカー》になりたいと言っていたのを覚えてる？」

父はうなずいた。僕がジム・ローンやトニー・ロビンズなどのスピーカーと同じように、人々を助けたいと思っているのを知っていたのだ。

「実はね、事故が起こる前は自分の人生はスピーカーにふさわしい経験を何もしていないと思っていたんだ。素晴らしい両親に恵まれて、かなり幸福な人生を送っていたからね。僕がこんな事故を経験した理由はそこかもしれない――逆境を乗り越えて、みんなに乗り越える術を教えるためなんだ」

偶然にも、そのわずか数か月後に、最初のチャンスが訪れた。2年前に卒業したばかりの母校ヨセミテ高校の生徒と教職員に招かれ、自分の体験を話すことになったのだ。

生徒たちは僕のスピーチに感銘を受けている様子だった。そして僕は、両親がなぜ逆境をチャンスに変えて人を助けることを選んだのかを、肌感覚で理解した。今度は僕が同じことをする番だ。

僕が体験談を話す目的は、**「今の状況がどうあれ、逆境はチャンスに変えられる」**と伝えること、そしてそのリアルな実例を示すことだ。他の誰かがやってのけたということは、自分にもできるということだ。僕はこう伝えたかったのだ。

あなたは、人生に望むことを何でも実現できるし、その価値と能力がある人間なのだ。

ペンを用意して、どんどん書き込もう

先に進む前に、この本に書き込むためのペンか鉛筆を用意してほしい。

読みながら、覚えておきたい記述、読み返したい記述に印をつけよう。線を引く、丸をつける、ページの端を折る、余白にメモをするなどして、重要なレッスンとアイデアと戦略を、すばやく見返せるようにしよう。

そうすれば、この本が、何度も繰り返し立ち戻れる情報源になる。まるごと読み直さなくても、いつでもキーワードを思い出せる。

さあ、ペンを手に、始めよう！　あなたの人生の新しい章が幕を開けるのだ。

1章

妥協しない朝が「理想の人生」をつくる

「人生は短い」とはあまりにも言い古された言葉だが、これは真実だ。あなたには、不幸せにも平凡にもなっている時間がない。そんな気分に浸っている時間は無意味なだけではなく、苦痛である。

——セス・ゴーディン

あなたの過去はあなたの可能性ではない。あなたはいつでも、自分の未来を解放することを選択できる。

——マリリン・ファーガソン

なぜだろう。

生まれたばかりの赤ちゃんを「人生の奇跡」と呼び、無限の可能性を期待するのに、自分の人生が平凡であることを受け入れてしまうのは。

あなただって、生まれたばかりの頃は、何でもできてあらゆる望みを叶える子になると、みんなに言われて育ったはずだ。

では、大人になった今、何でもできて、あらゆる望みを叶えただろうか？

いつのまにか、「何でもできて、あらゆる望みを叶えること」を「そこそこで妥協すること」にすり替えてしまっていないだろうか？

以前、気がかりな統計資料を目にした。**平均的なアメリカ人は、9キロ体重過多で、1万ドルの負債があり、孤独で、仕事に熱心ではなく、親友は1人いればいいほう**だというのだ。

なぜ、これが多くの人の現実なのかと不思議に思わずにはいられない。

そしてもっと重要なのは、この統計を覆すために僕たちは何をすべきかということだ。

2020年、新型コロナウイルス感染症の世界的流行によって、僕たちの生活は一変した。多くの人にとって、その結果生じたメンタルの問題は、かつてないほどに悪化した。

収入源を失い、自分や家族を養う力を失った人もいた。

そして数年後の今、将来に対する全体的な不確実性が、かつてないほど高まっている。

問題は、人は自分の力ではどうにもならないことに意識を向けると、落ち着きを失い、ストレス、恐怖、不安、さらにはうつ病を経験する可能性があることだ。

自分にコントロールできるのは自分自身だけだ。逆にいえば、自分が何をして、どんな人間になって、他の人にどう接するのかだけは、自分で決められる。

だから僕は言いたい。**自分史上最高の自分になって、望みどおりの人生を手に入れることに、日々の意識を向けるべきなのだ**、と。

あなたはどうだろう？

自分が望むレベルの成功を手に入れるために時間を費やしているだろうか。それとも、日々の責任に埋もれていて、またはやり方を変えるのが怖くて、または経済的な安定が必要で、それとも長続きする大きな変化を起こす方法がわからなくて、本当の望みよりも低い成果で妥協していないだろうか。

そんな自分を正当化していないだろうか？

「良い人生」ではなく、「極上の人生」にする

「あなたにできる最大の冒険は、自分が夢見るような人生を送ること」

名司会者であるオプラ・ウィンフリーによる、僕が最高に好きな言葉だ。悲しいことだが、夢見る人生を送る人があまりにも少ないがために、このフレーズは形骸化している。ほとんどの人は、〝それなりの人生〟で妥協し、今の人生がもたらすものをただ受け入れている。たとえばビジネスで成功した人でさえ、健康や人間関係といった他の分野では並のレベルで満足してしまいがちだ。

人間には人生をできるだけ良くしたいという生来の願望がある。できるだけ幸せで、健康で、裕福で、成功し、できるだけ多くの愛と自由と充実感を味わいたいと願っている。成功と充実度を10点満点で測るとしたら、すべての人間が人生のあらゆる分野で「10点満点」を求めるはずだ。

問題は、10点満点になる人生を維持できる人になるために、**自分に時間や労力を投資する人がほとんどいないこと**だ。

僕は、毎日の自分への投資が、僕たちにとって最大のチャンスになると信じている。この本を読めば、人生のすべての分野で「10点満点」を手に入れることは可能であり、誰にでもできることがわかるだろう。

それは、「10点満点」の自分へと進化するために、毎日の習慣を確立した結果として起こることだ。

すべては、毎朝の目覚めから始まる。

明日から、シンプルなステップを実践することで、あなたは人生のあらゆる分野であなたにふさわしいレベルの成功を達成し、維持できる人間に成長できる。僕がそう言ったら、あなたは信じるだろうか？

信じない人もいるだろう。もう疲れてうんざりだ、という人が多いのは当然のことだ。人生や人間関係を改善するためにありとあらゆることを試したけど、望み通りにならなかった、という人はたくさんいる。

気持ちはわかる。僕もそうだった。

しかし、時間をかけて、すべてを変えるいくつかのコツを習得した。

だから、手を貸したいと思っている。**あなたを「こっち側」の人間にしたいのだ。**

単なる「良い人生」じゃなくて、まさかと思うような「極上の人生」を送れる人間に。

本書が約束する3つのこと

1　あなたは、素晴らしい健康・富・幸福・愛情・成功を得るにふさわしい人間であり、あなたには、そうなる資格と能力がある。本書を読めば、それをよく理解できるようになり、あなた自身のため、さらには家族、友人、クライアント、同僚、子ども、地域など、あなたと関わるすべての人の人生に及ぼす影響力のためにも、自分の理想とする人生に沿って生きることを今日決心することになる。

2　人生のあらゆる分野で、自分の望みを下回るもので妥協するのをやめ、自分が望むレベルの職業的、経済的成功と、理想のプライベートライフを追求することになる。そのために、毎日少しだけ時間を使って、自分が求めるレベルの成功に向かって努力できる人間に成長することになる。

3　朝の目覚めの工夫と毎朝のルーティンを行うことが、1日の気分と内容と方向性を決めるようになる。朝の時間を生産的に過ごすことができれば、その日は集中力と生産性に満ちた1日になり、その積み重ねの先に素晴らしい人生が待っている。

自分は「朝型人間」じゃない、という人へ

すでに早起きを試してみて、うまくいかなかった、という人もいるだろう。

「私は朝型人間じゃないので」

「夜型なんだよ」

「忙しくて時間がとれません」

「睡眠時間を減らしたくない！」

僕もモーニングメソッドを始める前はそうだった。ほとんどの人がそうかもしれない。

後の章で、6つのメソッドを紹介するが、それらはカスタマイズが可能なので、あらゆるライフスタイルに適用できることを約束しよう。新生児に夜中に起こされたり、勤務時間が不規則だったりと、イレギュラーなスケジュールや予測できないタスクを抱えている人であっても、あなたの時間に合わせてメソッドを調整すればいい。


起床時間も選択できる。


メソッドの効果を出すための特定の時間というのは存在しない。むしろ、あなたのスケジュールにもっとも適した時間こそが、理想的な起床時間だ。

大切なのは、「1日の最初の6分から60分」を自分を成長させることに充てて、あなたにとっての「10点満点」の人生を叶える能力を身につけることだ。

ここでは、人生のもっとも重要な領域で、多くの人が経験する効果の一部を紹介する。読み進める際には、これらを念頭に置いておくことをおすすめしたい。

どんな効果があるのかを意識して、意図的に取り組めば取り組むほど、その効果を得られる可能性が高くなるからだ。

幸福

毎朝ひとりで過ごす時間を持つことで、**「自分の幸福は外部の力に左右されない」**という意識が高まる。「はじめに」で説明したように、自分が幸福かどうかを決めるのは自分自身だ。だから、たとえ今がどんなに苦しくても、幸せでいることを選ぶことはできる。

健康

健康についても、体力の向上、ダイエット、エネルギーの増加に意識を集中してエクササイズをすれば、それが叶う。僕自身はモーニングメソッドを使って希少がんを克服した。ダイエットやマラソン完走、その他の健康上の課題の克服や、体調の改善に成功した人もいる。

人間関係

モーニングメソッドは数え切れないほどの人間関係を改善してきた。離婚寸前のカップルの結婚生活を救ったことさえある。現状を客観視して、なりたい自分の姿を意識し、人のために行動できるようになると、人間関係を変える力が得られる。

お金

次の章でお伝えするように、僕はモーニングメソッドのおかげで破産を回避し、数十年で最悪の経済不況であるリーマンショックの最中に収入を2倍以上に増やすことができた。

生産性

感情を安定させて、精神的に最高の状態で1日を始めると、生産性が高まり、最優先事項に集中する能力が向上する。

リーダーシップ

理想の人生に近づこうとする意識を高めて人生に意味のある改善を加えていくと、必然的に周りの人に刺激を与えることになり、同時にあなたの能力の高さも周囲に伝わるようになる。さらには手本を示すだけでなく、他の人を手助けする能力も高まる。

自信

毎日の行動は自分でコントロールできることに気づき、自信がつく。

もしかすると、誇大広告や大げさな約束のように聞こえるかもしれない。あまりにも全方位に万能すぎて、信じがたいだろうか？

しかし、大げさな記述は一切ないと断言しておく。モーニングメソッドを実践することで、人から邪魔されない時間が手に入り、学び、成長し、もっとも重要な目標や夢（とくに先延ばしにしてきたもの）を達成できるのは本当のことだ。

「早起き」と「たぐいまれな成功」には確実な相関性がある。潜在能力を最大限に引き出して、あらゆる分野で望みどおりのレベルの成功を手に入れる鍵は1日の始め方なのだ。

朝の目覚めが変われば、人生が変わる。あなたはほどなく、その事実を理解することになるだろう。

2章

自分に投資するのは「時間」だけ

絶望は思いきった変化の糧になる。常に信じていたものすべてを置き去りにできる者だけが、脱出を願うことができる。

――ウィリアム・S・バロウズ

人生を大きく変えるためには、インスピレーションか絶望のどちらかが必要だ。

――アンソニー・ロビンズ

人生はラクで楽しいほうがいいに決まっている。

しかし、**成長できる最大のチャンスは、たいてい〝不幸〟にくるまれている。**

乗り越えられそうもないと思った大きな山の反対側に出たときに、バージョンアップした自分の姿が現れるのだ。

僕は幸運なことに、いわゆる「人生のどん底」を、それほど長くない人生の中で2回も経験した。

「幸運」と書いたのは、**「人生のもっとも困難な時期にこそ人は成長し、学ぶ」**という事実のおかげで、かねてから望んでいた人生を手に入れる力を身につけられたからだ。

僕は、自分の成功だけでなく失敗も活用するからこそ、あなたが限界を乗り越えて、想像以上のことを達成するお手伝いができる力が身についたし、そのことに感謝している。

モーニングメソッドは、ビーチでミモザを飲みながらリラックスしているときに思いついたわけではない（それならはるかにラクで楽しかっただろう）。

人生最悪のどん底の時期を耐えていたときの「真の絶望」からやってきたのだ。

だからこそ、この本が何百万人もの読者の心に、これほど強く響いたのだと思う。

一度目のどん底——交通事故で死にかけた

一度目のどん底は、「はじめに」でお伝えした、飲酒運転の車と衝突したときだ。

昏睡状態から目覚めた僕は、想像すらしなかった厳しい現実に直面したが、幸運なことに、さまざまな人からたくさんの愛とサポートと励ましを受けることができた。

入院中は、誰かが常に世話をしてくれたし、家族や友人が毎日様子を見に来てくれて、いつも愛する人たちに囲まれていた。

治療と僕の回復のあらゆる段階を、素晴らしい医師と看護師たちが見守ってくれて、日々の仕事や請求書の支払いのようなストレスはなかった。

僕の唯一の責任は回復することであり、それさえも助けてもらえた。

痛みを伴う回復だったし、もちろん困難がなかったわけではないが、完全にサポートされているのを感じ、病院での生活は比較的ラクだったように思う。

二度目のどん底——大きな負債と深刻なうつ状態

二度目のどん底は、2008年、リーマンショックの大不況の真っ只中だった。

アメリカ経済が崩壊し、僕もその影響でつまずいた。何百万人ものアメリカ人がそうであったように、経済的に行き詰まった。

成功していた小さなビジネスは、一夜のうちに利益が出なくなった。

顧客は不況の影響に苦しみ、僕にコーチング料を支払う余裕がなくなってしまった。

数か月のうちに、収入が半分以下に落ち込んだ。

突然、請求書の支払いができなくなり、クレジットカードで生活するようになった。初めて家を買ったばかりなのに、住宅ローンを支払う余裕がなくなった。婚約中で、はやく結婚して子どもが欲しいと考えていたのに、借金にまみれ、住宅ローンの支払いが滞り、僕は生まれて初めて深刻なうつ状態になった。

人生のどん底だった。

事故より辛い経済的な危機

自動車事故と経済的な危機のどちらが辛いかと言われたら、迷わず後者だ。段違いに辛かった。

飲酒運転の車に正面からぶつけられて11か所を骨折し、一生治らない脳の損傷を負い、昏睡から目覚めて「一生歩けない可能性が高いでしょう」と告げられるほうが、比較的よくある経済的な困窮を克服するよりも断然辛いと考える人がほとんどかもしれない。それは妥当な推測だ。

でも、僕の場合はそうではなかった。

請求書の支払いができず、事業が失敗し、借金がどんどん膨らみ、銀行に家を差し押さえられることは、精神的にも感情的にも対処できる準備ができていない新しい経験だった。**事故から回復している間に受けていた豊かな愛とサポートはどこにもなかった。**誰も同情してくれないし、見舞い客も来なければ、回復を見守ってくれる人もいない。今回はひとりぼっちだ。誰もが自分の対処すべき問題に追われていた。

孤独を感じたことで、この時期の人生ははるかに悪化した。

毎日が苦闘だった。あまりにも多くの恐怖と不安にとらわれていて、唯一の慰めは毎晩ベッドという安全な場所に逃げ込むことだった。それは一時的な安らぎをもたらし、7、8時間は問題と向き合わなくてすんだ。でももちろん、目覚めたときには問題が僕を待ちかまえていた。

かつてないほどの絶望感にみまわれ、毎日のように自殺を考えた。

今振り返ると過剰反応だったのかもしれない。でも当時は無力感と恐怖のため、この精神的苦痛を終わらせたいと切望していた。

しかし、自分の命を絶つことで両親がどれほど悲しむかがわかっていたので、なんとか気持ちをこらえて前進した。

心の奥底では、どんなに状況が悪くても逆転する道は必ずあると信じていた。

でも、マイナスの考えや感情にとらわれたまま、どん底の経済状況から抜け出す方法が見つからず、自分の無力さを感じて嫌になっていた。

人生を変えたランニング

ところがある朝、すべてが変わった。

それまでの数週間と同じように鬱々とした気分で目を覚ました僕は、いつもと違う行動に出た。友人のアドバイスを受けて、頭をすっきりさせるために走りに出かけたのだ。

僕は走るのが苦手だ。

とくに目的もなく、「ただ走るためだけに走る」なんて、大嫌いなことの代表格だった。

しかし、人生の行き詰まりの辛さから長年の友人であるジョン・バーグホフに電話すると、彼は第一声で「毎日運動しているか？」と尋ねてきたのだ。

戸惑いを感じながら、僕はこう答えた。

「運動とお金がないことに、何の関係があるんだ？」

「大いに関係があるよ」

ジョンは、ストレスを感じたり悩んだりしたときは、ランニングに行くと思考がクリアになり、気持ちが高揚し、解決策を思いつきやすくなると言った。

僕はジョンに「走るのは嫌いなんだ。他にできることはない？」と言った。

するとジョンが、ためらうことなく言い返した。

「どっちのほうが嫌いなんだ？　走るのと、現状の人生と」

痛い。わかったよ。失うものは何もない。走ろうと決めた。


翌朝、ナイキのエアジョーダンのバスケットシューズ（これしか持っていない）のひもを締めて、ポジティブな言葉を聴くためのiPodを手に、間もなく銀行に差し押さえられるであろう我が家を後にした。まさか初めてのランニング中に、人生の方向性をがらりと変える名言を聞くことになるとは思いもしなかった。

ジム・ローンのオーディオブックに耳を傾けていると、前に聞いたときにはピンとこなかった言葉にハッとさせられた。あなたにも経験がないだろうか。何度聞いても消化できなかった言葉が、ある日突然腑に落ちる瞬間。

心のスイッチが正しく入っていなければ、理解できない教えというのが存在する。そして、その朝の僕は、心のスイッチが正しく入っていた（つまり絶望していた）ので、すんと理解できたのだ。

あなたの成功のレベルが人間としての成長のレベルを超えることはめったにない。なぜなら成功は、あなたの人間としてのレベルが引き寄せるものだからだ。

ジムのこの言葉を聞いたとき、僕はランニングの足を止めた。

巻き戻して、もう一度再生した。

「あなたの成功のレベルが人間としての成長のレベルを超えることはめったにない。なぜなら成功は、あなたの人間としてのレベルが引き寄せるものだからだ」

現実が大波のように押し寄せてきて、今の自分が、自分が望むレベルの成功を引き寄せ、手に入れ、維持するだけの人間に成長できていないことに気づいた。

10点満点のスケールで、10点の成功を望んでいるのに、人間としてのレベルはせいぜい2点――調子がいい日でもせいぜい3点か4点だ。

突然の気づきだった。

僕の問題やうつの原因は、事業の失敗と、十分なお金がないことなど、外部にあるように見えたが、解決策は内部にあったのだ。

10点満点の人生を送りたければ、まずは自分がその人生を創り出せる10点満点の人間に

なる必要がある。

これがほとんどの人々が抱える「ギャップ」なのだと、僕は気がついた。

誰でも、健康、幸福、人間関係、メンタル、経済的安定など、人生のあらゆる分野で10点満点の成功を望むはずだ。それ未満で妥協したい人はいない。なのに、その人生を創造するのにふさわしい人間を目指して継続的に努力をしている人は、かなりの少数派だ。

そして当時の僕にも、そんな習慣がなかった。

僕に必要だったのは、自分が望む人生を送るに値する人間になるために、**毎日、自分を成長させることに時間を割くことだったのだ。**

僕は急いで家に走って帰った。

人生を変える準備はできていた。

新しいことを始めるのに最適な時間は？

自分を磨く努力を優先することが、ほとんどの問題の解決策であることは理解できた。とてもシンプルなことだ。

そうわかったものの、僕は誰もが直面する壁に突き当たった——**時間を確保することだ。**

日々を乗り切るだけですでに忙しくてぎゅうぎゅうだったので、「余分な」時間を見つけるのは、人生に不要なストレスを加えることになるように思えた。

ベストセラー作家のマシュー・ケリーは、著書『The Rhythm of Life』（未邦訳）にこう書いている。


誰でも幸せになりたい。どうすれば幸せになれるかを知っている。なのに実行に移さない。

どうして？

理由はシンプルだ。

忙しすぎるからだ。

忙しすぎて、何ができない？

忙しすぎて、幸せになる努力ができないのだ。


スケジュール帳を片手にソファに座って、時間を探した。日々、人間として成長するための時間を。次の選択肢が頭に浮かんだ。

夜はどうだろう？

最初に思ったのは、夜なら時間を捻出《ねんしゅつ》できそうだということ。仕事が終わった後か、もっと遅い時間、婚約者が眠った後はどうだろう。しかし、平日に彼女と一緒に過ごせる時間は夜しかないし、長時間仕事をした後は心身ともに疲れていて、ひたすらリラックスしたい気分になる。頭がぼんやりしていては、成長のために最適な状態とはいえない。夜は難しいだろう。

午後ならできそうか？

日中に予定を入れてもいいかもしれない。終わりのないＴｏＤｏリストの真ん中あたりに、少し時間を差し込めないか？　しかし、具体的に考えると現実的ではなかった。やっぱり午後も無理だ。

じゃあ朝はどうか——。

いや、無理だ。僕は「朝型人間」ではない。朝起きるのがイヤでイヤで、早起きなんて、ランニングと同じぐらい大嫌いなのだ。

でも、考えれば考えるほど、「朝がふさわしい理由」が見えてきた。**毎日、自分を成長させるための儀式で1日をスタートすれば、1日の終わりまでずっと良い精神状態でいられるだろう。**

目覚めてから1時間の行動が怠慢で無計画なら、終日だらだらと集中力に欠けた過ごし方をしてしまいがちだ。しかし、最初の1時間を最大限に活用しようと力を注いだ日は、勢いが最後まで持続するものだ。

また、**朝に自己研鑽に時間を使うと決めれば逃げられない。**

後回しにすればするほど「疲れた」「時間がない」など、言い訳ができるが、朝の、他の計画や仕事に邪魔されないうちにやってしまえるなら、毎日続けられるのではないか。

朝が明らかに最良の選択肢だ。

でも、毎日必要にかられて6時にベッドから出るだけでも辛い僕が、自主的にさらに1時間早く起きるなんて考えられない……スケジュール帳を閉じて忘れようと思ったときに、僕のメンターであるケビン・ブレイシーの言葉を思い出した。

人生を変えたいなら、まずはいつもと違うことを実行しなさい。

わかっている。ケビンが正しいことはわかっていた。

僕は「朝型人間」ではないという、長年の思い込みを克服することに決め、翌日のスケジュール欄に「朝5時起床」と書き込んだ。

もっとも効果のある6つのこと

次に、もうひとつの問題に突き当たった。

その1時間に何をすれば、人生に最大のインパクトを与えることができ、最速で人生を改善できるだろうか？

たぐいまれな成功を収めた人が、どんな努力を実践したかを調べて、それを真似る必要がある。もっとも効果的な方法とメソッドを見つけて、最少の時間で最大の成果を得たい。

僕が見つけたものは、どれも時代を超えて行われていて、新しいものではなかったが、確実に効果があるとされているものだった。

僕らはマーケターに誘導されて常に新しいものこそ価値があるかのように思わされているが、同時に、古くからあって未だに残っているものの価値を軽視するクセまで身につけてしまっていないだろうか。時代を超越した、実証済みで効果的なものがあるなら、それを使わない手はない。

最終的に、次の6つの習慣のリストができあがった。

- 瞑想など沈黙のなかに身を置くこと
- アファメーション
- イメージング
- エクササイズ
- 読書
- 日記を書くこと

この6つの習慣の共通点は、あらゆる分野での世界的成功者の多く、あるいはほとんどが、このうちの一つ以上を成功に不可欠だと認めていることだった。どれも、時間をかけて試され、実証されている。

でも、どれをやればいいのだろう？　どれが一番いい？　どれが僕の人生を最速で変えることができる？

突然、僕はひらめいた。

明日、1時間早く起きて、6つすべてを実践したらどうだろう？　それこそ、究極の成長ルーティンではないか！

すぐに60分を6つの習慣に分け、それぞれに10分ずつ割り当てて、翌朝に6つすべてを試す計画を立てた。

おもしろいことに、リストを眺めるとやる気がわいてきた。早起きに対する意識が、うんざりからワクワクへと豹変したのだ。

その夜は笑顔で眠りについた。朝がくるのが楽しみだった。

人生のすべてが変わった朝

午前5時にアラームが鳴ると、目をぱっちりと開いてベッドから飛び起きた。

身体に力がみなぎり、心が躍っていた！

朝すんなりと目が覚めるなんて、子どもの頃のクリスマスの朝以来のことだった。人生で、目覚めるのがこんなにラクで楽しいときなどなかった……今朝までは。

歯を磨いて顔を洗い、水を入れたコップを片手に、リビングルームのソファに背筋を伸ばして座ったのが、午前5時7分。

自分の人生に心からワクワクするのは本当に久しぶりだった。外はまだ暗いが、そのせいでかえって力が満ちてきた。

人生を変える6つの活動のリストを取り出し、ひとつひとつ実行に移していった。

瞑想など沈黙のなかに身を置くこと

タイマーを10分に設定し、無言で座り、祈り、瞑想し、呼吸に集中した。

最初は、頭の中が考えでいっぱいだった。このやり方で正しいのだろうか？　どうすれば心を静めることができる？　なぜ思考が止まらないのだろう⁉　頭の中の混乱にイライラしたが、数分経つと、時間がゆっくりと流れるように感じた。

瞑想したのは初めてだったし、やり方も間違っているかもしれないと思ったが、ストレスが消えて平穏な気持ちに変わっていくのが感じられた。呼吸をするたびに、心が安らいでいく。

普段、1日の始まりにはピリピリしていたが、それとは根本的に異なっていた。

アファメーション

次は、おそらく僕がもっともワクワクしなかったメソッドだ。

お金もないのに「私は裕福だ」なんて言い聞かせるのは、妄想のようでバカげていると思った。

でも、前夜のリサーチの最中に、ナポレオン・ヒルの名著『思考は現実化する』（きこ書房）に出てくる自信をつけるアファメーションに遭遇した。

「僕たちひとりひとりは、困難を克服し、望みを達成する能力を持つ、等しく価値のある人間なのだ」

その言葉を声に出して読んでいると、「パワー」をもらえるのを感じた。

イメージング

世界トップクラスのアスリートやパフォーマーの多くが、最高のパフォーマンスを発揮するための練習にイメージングを活用しているのなら、僕にも同じように役立つはずだ。目を閉じて、今日1日を集中力と自信と幸福に満ちて過ごす自分をイメージする。

思い描いたイメージから、その通りの感情が生まれた。イメージしたものと一致する行動を取りたいという欲求を刺激する、説得力のある感情を体験して、インスピレーションを感じた。

読書

いつも本を読む時間がないと言い訳をしていた僕は、久しぶりに読書するのを楽しみにしていた。一生の習慣にしたいと常々願っていたからだ。

本棚から、再びナポレオン・ヒルの『思考は現実化する』を取り出した。僕の蔵書のほとんどが、読みかけて最後まで読めていない本だが、これもそうだった。

でも、たった10分間の読書で、たちまち僕の考え方を改善してくれるアイデアをいくつか見つけた。たったひとつのアイデアでも人生が変わると再確認して、意欲がわいてきた。

日記を書くこと

数年前に買った日記の白紙のページを開いた。他の日記帳と同じように、せいぜい1週間しか続かずに挫折したのだ。

この日は、人生で感謝していることを書いた。また、将来の可能性についていくつか書き、これから作り出そうとしているより良い人生を楽観的に言語化した。するとたちまち、重苦しい霧に押しつぶされそうだった鬱々とした気分がラクになった。苦しみが消えたわけではないが、軽くなった。

当たり前のように享受している人生の幸運について書き出すというシンプルな行為が、気分を引き上げてくれたのだ。「感謝」の気持ちが胸に満ちてきた。

エクササイズ

最後の10分で、身体を動かして血行をよくしようと思った。

ソファから立ち上がり、ジャンピングジャック（ジャンプしながら両手両足を開く動作を繰り返す運動）を60回やった。体調は悪くないのに、それだけで息が荒くなった。

床に手をつき、腕立て伏せを限界まで続けた（回数は内緒にしておく）。

それからあお向けになり、腹筋運動を筋肉の限界までやった。

残り6分で、前の晩にYouTubeで見つけた5分間のヨガ動画を再生した。調子が戻るまでの道のりはまだまだ長いが、「エネルギー」がみなぎるのを感じた。


60分があっという間に過ぎ、素晴らしい気分だった！

これまでの人生で最高レベルの「安らぎと意欲とパワー、刺激と感謝とエネルギー」に満ちた体験ができた。

しかもまだ午前6時だ。

僕は希望に満ちていた。毎朝こんな風に1日をスタートさせれば、人生の望みをすべて叶える人間になるのは時間の問題だ。

一度試せば誰もがハマる理由

それからの数週間、僕は午前5時に起きて60分間の成長ルーティンを継続した。

この朝のルーティンが自分の気分におよぼす効果と着実な進歩に嬉しくなり、もっとやりたくなった。そこで次の夜、アラームを午前4時に設定した。自分がこんなことをするなんて信じられない、と思いながら眠りについた。

驚いたことに、**午前4時に起きることは、午前5時と同じぐらい簡単だった。**かつて起きることに抵抗していた頃に比べれば、4時でも5時でも、格段にラクに目覚めることができた。

僕のストレスレベルは劇的に下がった。

エネルギーが湧き、頭が冴え、集中力が増した。

毎日が心から楽しくなり、意欲が出て、アイデアが生まれ、うつ状態が消えていった。

以前の順調だった頃の自分に戻ったのではなく、急激に自分が成長して、過去の自分のどのバージョンをもしのぐレベルに上がったという実感があった。

新たに得たエネルギーと意欲と明晰な頭脳と集中力を使うことで、事業を救済して収入を増やすための目標設定と戦略づくり、計画が実行できるようになった。

初めてモーニングメソッドを試した日から2か月足らずで、月収は2倍以上に増えた。落ち込む以前の収入を取り戻したうえ、自己最高の収入に達することができた。

僕が発見したメソッドを、簡単に再現できる方法で人に共有するにはどうしたらよいか。あれこれ考えていたところ、2週間ほど後に、コーチングのクライアントであるケイティ・ヒーニーが、朝の話題を持ち出した。

「ハル、成功者が朝のルーティンにこだわっているという記事をよく読むわ。あなたは朝をどんなふうに始めるの？」

僕はワクワクした気持ちを抑えきれずに、モーニングメソッドと、その抜群の効果について話をした。するとケイティは、かつての僕と同じように、すぐに反論した。

「理屈はわかるけど……早起きなんてできそうにないわ。だって、『朝型人間』だったためしがないから」

「僕も同じだよ！」と、僕はケイティを安心させた。励ましの言葉をかけ、スヌーズボタンを押さずに起きるコツを教えた。

ケイティは、いつもの起床時間より1時間早い午前6時に起きて、モーニングメソッドに挑戦することにした。

2週間後の電話コーチングで、ケイティに「毎朝6時に起きてモーニングメソッドを実践している?」と尋ねると、思いがけない答えが返ってきた。

「いいえ。初日は午前6時に起きたけど、あなたの言った通りよ――素晴らしい朝が過ごせたので、もっと早起きしたくなったの。翌日からは毎日朝5時に起きてるのよ! ハル、本当にすごい効果だわ!」

僕はケイティの体験に感銘を受けて、すぐにコーチングのクライアント全員にモーニングメソッドを伝えはじめた。

ケイティと同じで、ほとんどの人は初めは抵抗して、「朝型人間ではない」と言い張った。しかし、少し粘って励まし、ケイティの例をあげて説得したところ、全員が少なくとも30分早く起きてモーニングメソッドに挑戦することになった。

数週間のうちに、僕のクライアントの14人のうち13人がモーニングメソッドを実践して、ケイティと僕が経験したのと同様の大きな効果を実感していると報告してくれた。毎日瞑想し、アファメーションを唱え、イメージングして、エクササイズを行い、本を読み、日記を書いているという事実だけでも、祝福する価値があった。

「モーニングメソッドを実践して人生が変わった」と、誇らしげに友人や同僚に話すクライアントもいた。数人はSNSで毎日の成果を投稿した。

突如としてこのメソッドが広まりはじめ、見知らぬ人、つまり会ったこともない人たちが、オンラインで各自のモーニングメソッドについて投稿しているのを見かけるようになった。いやはや、すごいことになってしまった。

「朝型人間」じゃないからこそ、効果を感じられる

モーニングメソッドを始めた人たちをサポートするために、友人の勧めで「Miracle Morning.com」というドメイン名を購入して、動画をいくつか投稿することにした。カメラの前に立つのは気が進まなかったが、とにかくやってみることにした。

そんなある朝、リビングのソファに座って、YouTubeに動画をアップロードし、自分の名前を検索した（批判しないでほしい。誰でも一度ぐらいはエゴサーチしたことがあるよね?）。

すると、ある動画が立ち上がり、タイトルが「ジョーのモーニングメソッド」となっている。見たことも会ったこともない男だ。僕は最初、前向きではない反応をした。

「ジョーって誰だよ？　モーニングメソッドを真似するなんて、どういうつもりだ？」

ところがこの後、嬉しいサプライズが待っていた。動画を再生した僕が目にしたのは……

「こんにちは、僕はジョー・ディオサナです。今は何時かというと……（ジョーが5:41 a.m.と表示された目覚まし時計を見せる）朝の5時41分。日曜日だ。『なんだよジョー、日曜日の朝5時41分に一体何をやってるんだ？』って思うだろうね。そんな人は、『MiracleMorning.com』をチェックしてほしい。僕は毎朝がクリスマスの朝みたいな気分で起きて、まさに絶好調。毎日がクリスマスだよ。ぜひチェックを。あなたの人生が祝福されることを祈ってます」

座ってパソコンの画面を眺めながらぽかんと口を開け、感激のあまり涙が出そうだった。自分のすべきことがはっきりわかった。個人的な朝のルーティンワークだと考えていたこのモーニングメソッドを、もっと多くの人に知らせる責任があることを悟った。できる限りたくさんの人に活用してもらえるようにしなければ。

モーニングメソッドが、僕とケイティとジョー、そして僕がシェアしたほぼ全員に効果があったのなら（みんな「朝型人間」ではないのに）、誰にとっても効果があることは明らかだ。もっと言えば、朝型人間ではない人ほど、早起きできる自分に自信を持ち、その効果を実感できるようだ。

人生を変えるために起きる？　30分長く寝るためにスヌーズを押す？

次の章では、成功のレベルを引き上げるために、あなた自身のレベルを引き上げる手順について説明する。

覚えておいてほしいのは、順番が必ず決まっていることだ。「10点満点」の自分になるために毎日着実に努力することで、「10点満点」の人生が手に入るのだ。

僕はあなたに、睡眠時間を減らすように頼んだり、1時間早く起きるようにしつこく言ったりはしない。

モーニングメソッドは、あなたのライフスタイルに合わせてカスタマイズ可能だ。多くの人が30分間のモーニングメソッド（それぞれ約5分）を行っているし、全体をわずか6分で行うこともできる（7章を参照）。朝が難しい場合は、他の時間帯でも可能だ。

メリットとデメリットを検討してみることをお勧めしたい。

あなたは自分の人生が理想的なものでなくても妥協して、朝の30分間の睡眠のためにスヌーズボタンを押す？　それとも、望みを叶えるために、少しだけ早起きする？

まだ答えを決めなくていい。それを念頭に、次の章を読みすすめよう。

3章

95パーセントのリアリティ・チェック

人生でもっとも悲しいことのひとつは、死ぬ間際に振り返って後悔することだ。もっとすごい人になれたのに、もっと何かできたのに、もっと所有できたのに、やれるとわかっていたのに、と。

——ロビン・シャーマ

人生の歴史の物語は、男と女の自分の過小評価のストーリーである。

——アブラハム・マズロー

アメリカ社会保障局のデータによると、100人のアメリカ人のキャリア開始から40年後の引退の年齢までを追跡すると、こんな結果になるという。

裕福な人……1名
経済的に安定している人……4名
何らかの事情でしかたなく働き続けている人……5名
死亡した人……36名
経済的に困窮して友人、家族、親せきや政府の世話になっている人……54名

あくまで金銭面の話だが、**自由がきく人生を築くことに成功した人はわずか5パーセント**。残りの95パーセントは、一生苦労が続くということだ。

もちろん、お金が成功の唯一の（あるいは最良の）尺度ではないが、お金が「安全、快適さ、自由度」の指標になることは間違いない。経済的に安定していれば、お金の心配をせずに、人生で一番重要なことに集中することができる。

僕自身も、モーニングメソッドを始める前はひっ迫した経済状態だったが、毎朝の努力で2か月で収入を2倍にすることができた。**自分を向上させることに集中すると、人生は好転していくのだ**。

この認識をもって、僕たちが答え探しをすべき重要な質問が一つある。

僕たちが、能力未満で妥協するのをやめ、自分にふさわしい「10点満点」の人生を手に

入れるために、今何ができるだろうか？

「平凡な人生」から抜け出すための3つのステップ

「平凡」とは、他人との比較とは無関係だ。シンプルに、なりたい自分の姿、つまり**自分自身の最高バージョンと比べてどうであるか**という問題だと考えてほしい。

自分の望みに届かないところで妥協すること、それが「平凡」ということだ。

コーネル大学の研究者が、死の床にある何千人もの人に、人生で最大の後悔をあげるようにたずねたところ、76％が同じ答えだった。

「理想の自分になれなかったこと」。

あなたはどう思うだろう。僕は、全人口の4分の3が人生の終わりを迎えたときに、「自分の可能性を最大限に発揮して生きる勇気があればよかった」と後悔するのかと思うと、気が滅入ってしまう。

とはいえ、ほとんどの人が納得できる人生を叶えられていないことは、データを見なくてもわかるだろう。

知り合いや社会全体、鏡に映る自分を見つめて評価してみてほしい。「10点満点」の人生を送る、あるいは送ろうとしている人が何人いる？

逆に、望みに満たない状態で妥協したり、人生を楽しめなくて苦労している人を何人知ってる？

この章では、平凡から抜け出し、思い通りの人生を叶えている人の仲間入りをするための3つのシンプルで確実なステップを紹介する。

ステップ1　95パーセントは「妥協」の人生だと理解する

社会の95パーセントの人が、望みどおりの人生を生きていない。この厳しい現実を理解しなければならない。もちろん、友人や家族もこの運命から逃れられるわけではないし、僕たちもそうだ。これは単に因果関係の問題なのだ。

つまり、**大多数の人とは違う考え方と生き方を選ばない限り、大多数の人と同じように、意図せず苦難の人生を送ることになるだろう。**潜在能力をフル活用したいのであれば、今から違う選択をしなければならない。

結果はどうあれ、ラクな道を選ぶのは人間の本性だ。もっと自分自身に集中しなければならない。そうすることで、他人をも助けやすい立ち位置にたどりつくことができる。緊急事態の際に、客室乗務員が「まずはご自身が酸素マスクを着けてください」と言うようなものだ。自己ケアを優先すれば、他の人を助ける準備が整う。

以下について考えてみよう。

健康

肥満が蔓延し、死に至る可能性が高いがんや心臓病といった病気が社会を悩ませ続けている。みんな疲労がたまっていて、コーヒーや栄養ドリンクを数杯飲まずに1日を乗り切る元気さえない。日中は疲れているのに、夜に思考がぐるぐると忙しくなりやすく、何百万人もの人がぐっすり眠れなくて悩んでいる。

でも、身体のエネルギーレベルは生活の質を左右する。エネルギーが豊富であれば、幸福を感じ、意欲が湧き、能力に自信が出るので、生産性が上がる。逆に疲労や痛みを感じると、気分が落ち込みやすくなり、意欲が低下し、人生に大きな変化を起こせなくなる。

何かを変える必要があるのだ。

メンタルヘルス

誰でも、気分よく過ごしたい。幸せになりたい。人生を楽しみたい。

しかし、人生に喜びや意味を見出せずに苦しむ人は、増える一方だ。

最近の世論調査によると、アメリカ人の成人のうち「とても幸せ」と答えたのはわずか14パーセントだ。

メンタルヘルス・アメリカ（MHA）によると、アメリカ人の46パーセントが人生のある時点で診断可能な精神疾患の基準を超え、そのうちの半数が14歳までに症状が出ているという。

人間関係

生活の質は人間関係の質に大きく左右される。

悲しいことに、寂しさや孤立、友人や家族とのつながりが希薄だと感じている人は、かつてないほどに増えている。

結婚の約半数は、相変わらず離婚で終わっている。友人や家族の前で、「健やかなときも病めるときも」と生涯の愛を誓い合ったカップルの多くが、誓いを守るのに苦労している。社会がかつてないほど分断されており、つながりが切望されている。

お金

現代のアメリカ人が抱える個人負債は、かつてないほどに膨れ上がっている。ほとんどの人の収入は、本人が望む収入額に届いていない。支出額が多すぎ、貯蓄額が少なすぎるため、常に請求書の支払いに苦労しており、経済的自由を得ることなどできないのが現状だ。

不幸で満たされない、または重大な問題を抱えている人に、「今の人生は計画通りですか？」と質問したら、どんな答えが返ってくるだろう。

彼らは苦労する人生を計画していただろうか？

もちろん違う！

それが恐ろしいところだ。人は、**理想の人生を積極的に創造する代わりに、たまたま起こる不幸な出来事を受け入れ続けている**のだ。

大多数の人が、思い描いていた人生を手に入れていないことが、おわかりいただけたと思う。次の重要なステップは、その理由を理解することだ。

同じ運命を避けるため、またはそこから抜け出す方法を見つけるために。

ステップ2　人生が平凡化する7つの理由をつぶす

この章では、この2番目のステップにほとんどのページを費やしている。なぜなら、「現状の自分」と「理想の自分」との間に立ちはだかるものを特定することが、ギャップを埋めるために重要だからだ。

人が平凡化する7つの原因と、すぐに実行できる7つの解決策について考えてみよう。当てはまる原因が特定できたら、それに応じた解決策を実行に移せばいい。

平凡化する原因❶　「バックミラー症候群」

潜在能力が発揮されないもっとも深刻な原因が、僕が「バックミラー症候群」と呼ぶものだ。

僕たちは無意識のうちに自分に制限をかける「バックミラー」を使って、過去を再生しては追体験している。

「昔の自分の姿」を「今の姿」だと思い込み、過去の縛りを基準にして自分の限界を決め、今そこに確実に存在する可能性にブレーキをかけてしまうのだ。

その結果、朝の起床時間から人生の目標設定に至るまで、**あらゆる選択を、過去の経験に照らし合わせて制限しようとする。**

もっと良い人生を送りたいと思っているにもかかわらず、過去を参照する以外に方法が浮かばないのだ。

平均的な人は、1日に5万から6万件の事柄を考えているそうだ。

問題は、そんな考えの大半が、毎日同じか、非常に似ていることだ。そのため、思考パターンが形成される。

習慣的に同じ考えを抱き、同じ感情を味わい、同じ気分になる。自分を疑うことが思考パターンになる。恐れることが思考パターンになる。怒りが思考パターンになる。

こうして**過去のストレス、恐れ、心配を今日に持ち込んでいるのだ。**

せっかくチャンスが訪れても、素早くバックミラーで過去の自分の限界をチェックする。

「ダメだ、そんなことは今までやったことがない」

「そのレベルは自分にはできない」

「実際、今まで何度も繰り返し失敗してきた」

逆境に直面したときも、やはりバックミラーを信頼して、それを指針に出方を決める。

「やっぱりついてない。僕はいつもこうなるんだ。あきらめるしかない。ややこしい問題が起きたときは、いつもそうしてきたから」

そんな調子では、毎日毎月毎年――そして一生、人生のクオリティを高められなくても不思議ではない。

解決策❶ 無限の可能性を受け入れる

過去や自分の縛りを乗り越えて成長したいのなら、バックミラーを見て自分の価値と能力を認識するのをやめよう。

代わりに、無限の可能性というレンズを通じて、何が自分にできるのかに目を向けるのだ。

「自分に何ができるかは、過去ではなく可能性に基づいて決まる」という思考パターンを受け入れ、肯定することから始めよう。

モーニングメソッドを実践することで、無意識の習慣的な思考パターンや潜在意識を組み替えて、人生の望みを叶えるための枠組みが形作られる。

過去に関係なく、今後は自分が望んだ通りの人生を創造できるという自信を育むことができる。

最初はおそらく信じないだろう。過去よりも良くなれるという信念を確立しようとすると、気持ちに引っかかりが生じるかもしれない。

しかし、毎朝続けることで、すぐに過去の苦労や限界を、未来の刺激的な選択肢やチャンスに置き換えられるようになるだろう。

平凡化する原因❷ 「目的の欠如」

「あなたの人生の目的は何ですか?」

そうたずねると、多くの人は困った顔をするか、こんな答えが返ってくるかもしれない。

「うーん、わからない。ただ1日を乗り切ろうとしているだけ」

あなたなら、なんと返事をするだろう?

人生の目的とは、毎朝起きて、全力を尽くすように駆り立てる「理由」のこと。

人生の目的を知っている人は、高レベルの明晰さを持っている。だから毎日、決断力のある行動ができる。

しかし、ほとんどの人は人生の目的を設定する方法を教わったことがない。

目的について考えることは人生の最重要課題と言ってもいいのに、多くの場合、親に教えてもらうこともなければ、学校でとりあげられることもない。

だから、とりあえず1日をこなすことが目的化し、なるべくラクな道を選び、本来は成長や進化につながるはずだった痛みや不快感を避けながら、長持ちしない短期的な喜びを追求するのが当たり前になっているのだ。

解決策❷ 短いスパンでの人生の目的を考える

人生の目的設定は、少々手ごわいかもしれない。けれど、**あなたが望むままに決めることができて、いつでも変更可能でもある。**生き方や貢献の仕方であれば何でもかまわない。

「自分史上最高の自分になり、他の人もそうなれるように手助けする」

「私が授かったこの人生のすべての瞬間を楽しみ、他の人の喜びの源となる」

次のような、もっと具体的な内容でもいい。

「家族に経済的な安定をもたらす」

「何百万人もの人々にきれいな飲料水を届ける」

間違った答えは存在しない。人生の目的が壮大である必要はないし、すべての目的を「……そして世界を変える」みたいに大それた形で締めくくらなくてもいい。

人生の目的を考えることは、自分に刺激を与えて最高の自分を引き出すためのものであり、必ずしも世界を変えることではない。それでも、目的を決めて、それに沿って生きる選択をした人は、他人に多大な影響を与えていくものだ。

人生の目的は、時間とともに変化する可能性がある。あなたが成長し進化するにつれ、目的が進化することもあるだろう。今日のあなたが選ぶことは、不変ではないことを理解しておこう。**人生を一つの明確な目的にコミットしなくてもいい。**そう知っていれば、今の時点での目的を何らかの形で決めやすくなる。

僕は、人生の目的を考えることは、服を試着して買うようなものだと考えている。自分に合うかどうか、どんな気分になるかを確認し、自分の役に立つ間は使い続け、しかるべきタイミングがきたら取り換えればいい。

例として、僕の人生の目的を、年齢別にまとめたので、参考にしてほしい。

▼自分が知る限りもっとも前向きな人になる。（19歳）
▼無私無欲に、できる限り多くの人の人生に価値を提供する。（25歳）
▼人生のすべての望みを実現するのにふさわしい人間になり、同時に他の人も同じようになれるように支援する。（29歳）
▼自分の意識を高めることから始めて、できるだけ多くの人の意識を高める支援をする。（42歳）

お気づきかもしれないが、僕の人生の目的はすべて、「自己成長」か「人を支援する」かのどちらかだ。

これは、僕たちが人に与えられる最高の贈り物は、自分の潜在能力をフル活用して、何ができるかを示し、手本になって、人が可能性を発揮するのを手助けすることだと信じているからだ。

もし、すべての人が自分の可能性を最大限に発揮しようと努力し、他の人もそうできるように手助けすれば、もっと幸せで、充実感があり、生産性の高い社会が実現するだろうと想像している。

でも、これは僕個人の考えだ。

あなたの目的は、「わが子にふさわしい親になる」でも、「経済的自由を達成する」でもOK。繰り返すが、間違った答えはないのだ。

平凡化する原因❸　「物事のつながりを無視する」

平凡化の原因として、「ありがちだが気づきにくい」のが、物事のつながりを無視することだ。

人は、自分の行動は、特定の時間や状況だけに影響を与えると思いがちだが、それは誤っている。たとえば、次のことを「たいしたことない、明日挽回すればいい」と考えてしまうケース。

▼ワークアウトを1日さぼる
▼プロジェクトを1日先延ばしにする
▼ファストフードを夜に食べる

ワークアウトを1回さぼる影響はそのときだけだし、次回は2倍やればいい、と考えるのは、思い違いだ。これをやると、**全体像を見失ってしまう**。

自分がとる行動や選択、さらには思考のひとつひとつが、重大な影響や決定的な結果につながる。

なぜなら、あなたが思うこと、選ぶこと、行動することが、「あなたの今後の姿」を形づくり、最終的には人生のクオリティを決定することになるからだ。

毎回「正しい道」ではなく「ラクな道」を選んでいれば、それがあなたのアイデンティティや人柄になる。

「正しい行動」を選び、気分が乗らないときでも決めたことを守ると、結果を出すために必要な「強い自制心」が育まれる。ほとんどの人が一生育むことができない、厳しい自己管理能力が鍛えられるのだ。

解決策❸ 自分の選択の影響を意識する

物事を個別に考えるのをやめ、もっと大きな視点で見るべきだ。**自分がとるあらゆる行動が、未来の自分の姿に影響を与える。**

そして、未来の自分の姿が、これからの人生を決定づけるのだ。

朝アラームが鳴ってスヌーズボタンを押したくなったら、こう考えてみよう。「待てよ。これは僕が〝本当になりたい自分〟じゃない。朝ベッドから出られないほど自己管理能力が低い人間にはなりたくない。今起きよう。なぜなら僕は『早起きして、理想の自分になる』ことに決めたのだから」

覚えておいてほしいのは、**「なりたい自分の姿」のほうが「今何をするか」よりはるかに大切であること**だ。

平凡化する原因❹ 「責任感の欠如」

責任感と成功は、切っても切れない関係にある。

多大な成功を収めている人物は、ほぼ全員が——CEOからプロのスポーツ選手、あらゆる分野のトップパフォーマーに至るまで——責任感が強い。

この責任感こそが、気分が乗らなくても行動を起こすよう促し、並外れた結果を出すために必要な力を与えてくれる。責任感が、「最良の自分」を引き出すのだ。

生まれてから18歳くらいまでの間は、周囲の大人（親、教師、先輩など）が「与えてくれた責任」のおかげでプラスの結果が出せていたはずだ。

野菜を食べ、宿題を終わらせ、歯を磨き、風呂に入り、適切な時間に就寝できた。大人たちに責任について教えてもらわなければ、僕たちは栄養が欠如し、教養に欠け、睡眠不足で不潔な子どもだったはずだ。

責任感は生活に秩序をもたらす。秩序を欠いては前進や向上、いい結果を得ることができない。

ここで問題がひとつある。

ほとんどの人が責任に抵抗したり、拒絶したりする傾向があることだ。そうなってしまう理由は、責任感とは僕たちが「求めて得た」ものではなく、大人から強いられて「我慢して従ってきた」ことだから。

「ねえママ、お願いだから歯磨きやその他の良い習慣を維持する責任を、負わせてくれない？　ありがとう」と言う子どもはいない。

強制されたことはたいていそうなるように、僕たちは「責任」を嫌うようになる。そして18歳になると、手に入る限りの自由をむさぼり、責任の生じるものごとを避け、平凡な人生へと続く負のスパイラルを突き進み、有害な考え方や習慣が育まれてしまう。

たとえば、怠けグセ、先延ばし、責任回避、必要最低限のことしかしない、というようなパターンだ。もちろん、どれをとっても「無限の可能性の実現」には逆効果だ。

この本を例にとってみよう。実際に、こうした人生を変える提案をする本を読んだ人の多くは、誰にも責任を問われないので、学んだことを実践しない。あなた自身も、人生を変えるような情報が詰まった本を読み終えた後、次に取った行動が「次に読む本を選ぶこと」だったことはないだろうか？

実は僕も経験がある。だったら、何かを変えるしかない。

解決策❹「責任パートナー」という可能性を考える

僕たちは大人になった。そして、成功と充実感を得ようと努力している。だったら、人生に「責任感」を組み込む必要がある。そのために、「責任を果たすための独自の戦略」をシステム化しよう。

シンプルに、友人や家族や同僚など、約束を守り通すサポートをしてくれる人に連絡して、**「責任パートナー」**になってもらうのもいい。または、さらに一歩踏み出して、プロのコーチを雇い、効果的にスキルを取得するのもいいだろう。

より気軽にスタートするなら、「責任パートナー」を誰に頼めるかを、数分かけて考えることをおすすめする。本を読みながら、行動を起こしてみよう。

「知り合いは誰も私と一緒にやってくれない」と思っていても、他人のメンタルや感情、その人が今何に取り組んでいるのかは、表面からは見えにくいものだということを思い出してほしい。もしかしたら変化の準備ができているかもしれない。

1対1ではなくグループの方が心地よいなら、少人数の「責任パートナー」グループをつくってもいい。

ちなみに僕の場合は、数人の同僚を週に1回のグループ通話に招待して、互いに「責任パートナー」として、それぞれの目標達成をサポートし合った。

その結果、僕たち5人全員がキャリア史上最高の1年を過ごすことができた。

誤解のないように言っておくと、**モーニングメソッドは、「責任パートナー」がいなくてもまったく問題なく始められる。**僕も始めたときは「責任パートナー」がいなかった。

ただ、あなたの人生に「責任感」を組み込むことは、現状にとどまり続ける「コンフォートゾーン」から抜け出し、人生のどの分野においても結果を出してレベルアップするのにもっとも効果的な方法のひとつだ。

だから、あなたの成功率を上げるためには、10分から15分かけて「責任パートナー」候補のリストを作成し、誘ってみることを検討するのも一つの方法だと知っておいてほしい。

平凡化する原因❺ 「平凡な友人の輪に入っている」

またもや「平凡」という言葉が出てきたが、この言葉の定義を覚えているだろうか。「あなたの望みや能力よりも低いところで妥協すること」——これは、誰もが抱える悩みだ。かといって、**誰と一緒に過ごすかが大切であることを、あまり気にかけていない人が多い**のも事実だ。

自分の周囲の人が、メンタルヘルスや生活の質、人生のほぼすべての面での成功レベルに影響を及ぼしていることに気づいていない。少し時間を取って、このことをよく考えてみよう。

「長く時間を共にしている5人の人を平均したのが、あなただ」とは、ジム・ローンの有名な言葉だ。この原則は理にかなっているが、数字は必ずしもこの通りではないように思う。

たとえば、ほとんどの時間を1人の人とだけ過ごすと、その人の考え方、感情、習慣があなたに影響を与えることだろう。

幸せで理性的な人の輪の中で多くの時間を過ごせば、それだけで、幸せで理性的な人になる可能性が高くなる。健康的な食事に価値を置いているグループと親しくしていれば、その集まりにマクドナルドの袋を持って参加することはないだろう。高収入でお金の使い方が上手な人たちと時間を過ごすとしたら、たとえ輪に入ったばかりのあなたの収入が低くても、彼らの考え方やお金の稼ぎ方に確実に影響を受け、あなたの経済的成功のレベルを高めるのに役立つだろう。

逆に、ほとんどの時間を一緒に過ごす人たちが、不幸せで、不健康で、情緒不安定で、経済的に苦労していて、絶えず不平を言い、常に平凡（自分の能力よりも低い）な位置に甘んじているなら、あなたもそちらの方向にひきずられてしまう。

人生を改善しようと努力していない人たちと付き合っていれば、何かに挑戦したいという刺激を受けることはないだろう。

解決策❺ 人の影響の輪をアップグレードする

価値観を共有し、同じような道を歩んでいる人を見つけることを、意図的かつ積極的に行うことは、人生を向上させるもっとも効果的な方法の一つだ。

自分自身や人生を向上させる準備ができているのに、何らかの改善の努力をしていない人に囲まれている、という残念なパターンはたくさんある。とりわけ家族や大切な人がそのような状況の場合は難しい。

でも、**他人の行動はコントロールできなくても、自分の行動はコントロールできる。**

誰と親しくするかを選び、あなた自身がどんな人間になろうとするのか、どのような人生を生きるのかは自分で決められる。

人の輪の影響をアップグレードするためには、まずは自分自身をアップグレードすることから始めなくてはならない。一緒に過ごす人々があなたの考え方や在り方に影響を与えるのと同じように、あなたの言動もまた、周囲の人々に影響を与えるだろう。

モーニングメソッドを実践し、意識が高くなりはじめると、同じような意識レベルで活動している人に自然に気づき、惹かれるようになる。自分の考えや言葉や行動が、自分や周りに影響を与えることに気づいて、意識的かつ意図的に行動するようになるからだ。

ただし、いい影響を与えてくれる人が偶然に現れることはめったにないので、同じような考えを持ち、あなたの個人的な成長を助けてくれる人は積極的に探すしかない。前向きで積極的な人、あなたを支え、励ましてくれて、一緒にいるだけで生活の質を高めてくれる人を見つけよう。

「不幸は友だちが大好き」ということわざがあるが、「平凡」もまた、友だちとつるむのが大好きだ。**恐れや不安や他人がつくった限界に、自分の可能性を奪われてはいけない。**

積極的に、影響を受ける人の輪を改善し続けよう。

常に、自分の人生に役立つ人、「最高の自分」を引き出してくれる人を捜し求めよう。

そしてもちろん、あなたも周囲にいい影響を与えよう。

平凡化する原因❻ 「人間としての成長の欠如」

すべての人間は、「自分の可能性を実現し、可能な限り最高に有意義な人生を送りたい」という生来の意欲と願望を持っている。

しかしほとんどの人は、そんな人生を送るために必要な「人間力」を伸ばし続けるために毎日時間を費やしていない。その結果、本当に望んでいるレベルの健康・幸福・愛・自信・経済的安定・成功を得るための継続的な努力を無意識のうちに怠ってしまっているのだ。

そもそも僕がモーニングメソッドを考案するきっかけになったジム・ローンの哲学を思い出してほしい。

「成功のレベルが人間としてのレベルを超えることはめったにない」

なぜなら、成功は「人となり」が引き寄せるものだからだ。

人間として成長するために、毎日行動する。ある意味、これがモーニングメソッドの真髄だ。

解決策❻ 毎日自分を成長させる

毎日成長するためのルーティンを設けて実行することで、継続的に学び、成長し、望みを叶え、理想の人生を歩むのにふさわしい人物へと進化することができる。

過去に何が起こったとしても、自分を高め、よりよい人生を手に入れることはできる。その扉を開ける鍵は、理想の人生の中で生きるために必要な考え方と能力と習慣を身につけることだ。

「モーニングメソッド」は、なりたい自分を目指して継続的に成長するために時間を使う毎日のルーティンだ。あなたが成長するにつれて、人生も良くなるのだ。

平凡化する原因❼ 「緊急性の欠如」

潜在能力が発揮されない根本的な原因は、何かを変えなければいけないという切迫感が欠けていることだ。そのせいで、生活の質を大幅に向上させることができない。

緊急事態に直面しない限り、物事をできるだけ先延ばしにするのが、人間の本質なのだ。

人間は「いつか」の生きものだ。楽観主義者の場合は人生は自然にうまくいくと考え、悲観主義者の場合は努力しても意味がないと、誤って認識している。

どちらにしても、先延ばしをして、後悔するルートに乗ってしまいがちだ。そして、ある日ふと気がつくのだ。

「こんな人生でよかったのか？」

「私はなぜ、こんな人生を送ってしまったのか？」

解決策❼ 「今日」を人生でもっとも重要な日にする

平凡な1日を重ねると、平凡な1週間になる。平凡な1週間を重ねると、平凡な1か月になる。平凡な1か月は必然的に平凡な1年へとつながる。

人生でもっとも重要なのは「今」だ。あなたが「今日」することが、あなたの将来の姿を決定づけ、明日何ができるかを決めるのだ。

今日良い選択をすれば、明日はもっと良い選択ができる。

もしも今日、「10点満点」の人生を送るのにふさわしい人間になる努力を始めなければ、明日は変わらない。だからこそ、「今日」を大切にしなくてはならない。

ステップ3　今日から「理想の人生」を受け入れる

この章では、平凡化する7つの原因と、それを克服する解決策について説明した。

ほとんどの人が、人生の望みを叶えるのに苦労している。

「平凡」から脱出するための3番目の重要なステップは、**「今日から何を変えるかを決めて、境界線を引くこと」**だ。

明日でも来週でも来月でも「いつか」でもない。

今日だ。

「自分の能力を使いきらずに妥協する気はもうない」と決心したその日から、あなたの人生が変わり始める。まだそうしていないのであれば、今日をその日にしよう。

「今日が人生でもっとも重要な日」と心に決めた記念日だ。

では、このエキサイティングな旅の次のステップに移ろう。次の章の冒頭で、ひとつ重要な質問をさせてほしい……。

4章

明日から「朝」を変えるマインドセット

毎晩、満足感を持って眠るためには、毎朝、決意を持って起きなければならない。
——ジョージ・ロリマー

1日の最初に行う習慣的行為は、もっとも影響力が大きい。心と1日の流れに影響を与え、それがその日の終わりまで続くからである。

——エベン・ペーガン

質問。
あなたが今朝、ベッドから出た理由はなんだろう。
ちょっと考えてみてほしい。どうして毎朝起きるのだろうか。

ぬくぬくと居心地のいいベッドから出る理由は、そうしたいから？

起きなければいけない時間だから？

たいていの人は、毎朝容赦ないアラームの音で目を覚まし、しぶしぶベッドから這い出る。理由は、行かなければいけない場所があり、しなければならないことがあり、誰かに返事をしたり誰かの世話をしたりするためだ。

ほとんどの人は、起きるのに抵抗して無意識にスヌーズボタンを押す。

しかしこれは、「私にはベッドから起きるだけの自制心がない。ましてや人生を変えるために必要なことをするなんて無理だ」と、潜在意識にメッセージを送っていることになってしまう。

スヌーズボタンを押すのは負け——1日を始める気分をつくろう

「スヌーズボタンを押すのは敗北宣言だ」という格言をご存じだろうか。この言葉には、かなり深い意味がある。

ギリギリまでベッドにとどまるような1日のスタートを切るのは、自分の人生の可能性に抵抗する行為なのだ。**スヌーズボタンを押すたびに、夢への一歩を踏み出すことに抵抗**

しているこことになる。イヤイヤ1日を始めたときのあなたの気分は、最高とは言えないだろう。

スヌーズボタンを繰り返し押すことには、生理的な悪影響もある。

アリゾナ州フラッグスタッフにあるプレスコットバレー睡眠障害センターの医療ディレクター、ロバート・S・ローゼンバーグ氏の言葉を借りよう。

「スヌーズボタンを繰り返し押すと、自分にとって悪いことが二つある。一つは少し余分に寝たとしても、睡眠が断片化され、質が低下すること。もう一つは、新しい睡眠サイクルに入れなかったために、1日中眠気が続くことがあるということだ」

アラームが鳴ってもなかなか起き上がれない人の多くは、朝がもっとも辛い時間だと報告している。この場合、何らかのストレスを感じながら目覚めるので、ベッドから出るのをできる限り遅らせようとしている。

理由はさまざまだ。仕事に行かなければならない。人間関係がうまくいっていない。なかには、慢性的なうつ病のため、具体的な理由をあげられないまま気分が落ち込み、どんよりと重たい場合もあるだろう。

原因が何であれ、意図と目的を持って朝を始められないと、メンタルと感情に悪影響を及ぼす可能性があり、これが悪循環になる。どんよりした気分で目を覚まし、ストレスに満ちた思考と感情を反芻しながら1日を過ごし、不安や落ち込みを感じながら眠りにつき、翌日も憂うつなサイクルを繰り返すことになる。

一方で、意図と目的を持ち、自分を最適化して1日を始められる朝のルーティンがあれば、このサイクルを断ち切ることができる。

夜は問題に向き合うことへのストレスや不安を感じながら就寝するのではなく、希望とワクワク感を持って眠り、目覚めたら、人生を改善できると実証済みのメソッドで1日を始めることができる。

朝のルーティンは、人生の課題に対処するための一種の緩衝材だ。目覚めてすぐにストレスに圧倒されるのではなく、心も身体も最適な状態で毎日を始めることで、困難な状況に対処し、人生を楽しみ、今よりもっと効果的に目標を達成できるようになるだろう。

本当に必要な睡眠時間はどれくらいだろう？

『人生を変えるモーニングメソッド』の旧バージョンでは、十分な睡眠をとることの重要性を強調しなかった。やや軽視していたのだ。

しかし、改めて言いたい。**睡眠は精神的・肉体的・感情的な健康を最適化するためのもっとも重要なツールの一つだ。**「11章：至福のベッドタイムのためのイブニングメソッド」でさらに深く掘り下げるが、今から念頭に置いてほしいことを少しまとめておく。

睡眠の専門家によると、最高のパフォーマンスを発揮するために必要な睡眠時間には、すべての人に当てはまる普遍的な数字が存在しない。全米睡眠基金のガイドラインでは、**健康な成人は一晩に7～9時間の睡眠が必要であるとアドバイスしている。**乳幼児とティーンの若者は、成長と発育のためにさらに多くの睡眠が必要だ。また、65歳以上の人も、一晩に7～8時間の睡眠をとることが推奨される。

最適な睡眠時間は人によって違い、年齢、遺伝、健康状態、運動量、食事、ストレスレベル、夜のルーティンといった変数によって左右される。6～7時間がベストの人もいれば、8～9時間眠るともっとも調子がいいと感じる人もいるだろう。

誰でもいい睡眠をとりたいとはいえ、年齢と遺伝はコントロールできないので、自分でコントロールできる要素、つまり**「食事・運動・夜のルーティン」**に着目するのがいいだろう。

たとえば、食生活に加工食品、保存料、人工香料や着色料、農薬、過剰な糖分や炭水化物が含まれていれば、そういった食品の影響に対処するために、身体は余分に睡眠を必要とするかもしれない。

また、就寝に近い時間（1～2時間以内）に食事をすると、睡眠中に食べ物を消化するという負担が身体にかかり、完全に休息して回復するための時間が邪魔されることになる。逆に、健康的で栄養価の高い食品を摂り、就寝の2～3時間前に最後の食事をすませると、休息と回復の効率がぐっと良くなる。

健康的な食事をしている人は、不健康な食事をしている人に比べて、たとえ睡眠時間が少なくても、エネルギーに満ちていて、てきぱきと動くことができるものだ。

睡眠には個人差があることから、本書では、僕自身の経験や実験、そして過去の睡眠習慣の研究から得られた結論を紹介したいと思う。もちろん、これがすべての正解ではないが、参考になれば幸いだ。

短時間でもスッキリ目覚める方法

さまざまな睡眠時間を試してみて、僕はまったく予想外の発見をした。それは**目覚めたときの気分は、「本当の睡眠時間」だけではなく、朝の気分に関する「自分の思い込み」に影響される**ということだ。

たとえばあなたが、自分が疲れをとるのに8時間の睡眠が必要だと信じているとしよう。明日朝6時に起きる予定で夜中の0時にベッドに入ったとしたら、こう思うのではないか。

「今日は6時間しか眠れない。だから明日は疲れがとれていないだろう」

そしてアラームが鳴って起きる時間だと気づいたときに、どうなるだろう？

意識に最初に浮かぶ考えは、通常は寝る前に抱いていた考えと同じだ。

「思った通りだ。6時間しか眠れなかったから、疲れがとれていない」

これでは、自らが不調になる予言をしているも同然だ。翌朝は疲れているはずだと自分に言い聞かせるようなことをすれば、疲れを感じるように仕向けていることになる。疲れをとるには8時間眠らなければならないと信じていれば、それより少ない時間では回復できない。

では、思い込みを変えてみたらどうなるだろう？

心と身体のつながり（または科学者が「生物心理社会パラダイム」と呼ぶもの）についての基本的な理解を深めることが、ますます有益になっている。脳と身体は神経経路でつながっていて、身体の不調は身体の機能だけでなく、心理や人間関係などの環境ともつながっているのだ。

数年前、有名ながん外科医でベストセラー作家のバーニー・シーゲル博士にインタビューする機会があった。

彼は、40年以上のキャリアで治療した何千人ものがん患者のうち、ほぼすべての生存者に共通していたのは、その人たちの考え方、とくに**「絶対に治る」という信念**だったと語った。たとえ確率が不利であったとしても、サバイバーたちは「生き延びる」という揺るぎない信念を持ち続けていたのだ。

また、致命的ではないがんを患っている患者でも、治ると信じることをあきらめた場合、残念ながら生き延びられなかったケースがあるという。

科学的研究と、他の人たちの多数の経験、そして僕自身の経験から、精神力を使って身体の不調を克服できる可能性があるなら、同じ精神力によって睡眠の質や朝の気分に影響を与えることもできる――と僕は考えている。

この仮説を検証するために、さまざまな睡眠時間を試してみた。短くて4時間、多くて9時間だ。実験は、睡眠時間と朝の気分についての「思考」を変えて行った。まずは、「睡眠時間が足りないので朝起きたら疲れているだろう」と寝る前の自分に言い聞かせてみた。すると、それが現実となった。

4時間の睡眠の後、目覚めると疲れていた。

5時間の睡眠の後、目覚めると疲れていた。

6時間の睡眠の後、もうおわかりだろう――疲れていた。

7時間……8時間……9時間……何時間眠っても、朝アラームが鳴ったときの気分は変わらなかった。**ベッドに入る前に「睡眠時間が足りない、翌朝は疲れている」と言い聞かせている限り、その通りの気分になってしまう**のだ。

次に、「思考」を変えて同じ実験を行った。

何時間眠ったかに関係なく、朝、元気でワクワクした気分で目覚めるために、次のような力強いアファメーションを眠る前に唱えた。

「今夜は○時間眠れたことに感謝しています。僕の心と身体は○時間の睡眠から豊かなエネルギーを生み出すことができます。自分の思考が自分の生理機能に影響を与えることを知っているので、明日は元気でワクワクした気分で目覚めることを選びます。そしてモーニングメソッドを実践します」

その結果、睡眠時間が9時間、8時間、7時間、6時間、5時間、あるいは4時間でも、毎回いい気分で目覚めることができた。

ぜひあなたも自分で試してみてほしい。

はっきりさせておきたいが、「十分な睡眠をとっていると自分に言い聞かせること」が、「十分な睡眠をとることの重要性」に勝ると言っているわけではない。

十分な睡眠をコンスタントにとることは、脳と身体が最適に機能するために不可欠だ。睡眠不足は、心身の健康に壊滅的な影響を与える可能性がある。

僕が言いたいのは、**「寝る前に自分に言い聞かせる言葉が、朝の気分に影響を与える」**ということ。何時間の睡眠をとったかに関係なく、毎朝元気でワクワクした気分で目覚めることができるように、眠る前の時点で準備をしておくことの重要性だ。

11章では、睡眠を最適化するのに役立つ就寝時のルーティンについてくわしく説明する。

毎朝「クリスマスの朝の気分」で目を覚ますために

これまでの人生で、翌朝に起きるのが待ちきれなかったときのことを思い出してほしい。何か月も楽しみにしていた休暇旅行の早朝のフライトに乗る朝。学校の初日。新しい仕事の初出勤の朝。結婚式の日。誕生日。

僕の場合は、睡眠時間の長短にかかわらず、最高にワクワクした気分で目を覚ました朝といえば、子どもの頃のクリスマスの朝だ。

あなたにも共感してもらえるのではないだろうか。プレゼントを楽しみにしていたあの頃の目覚めの気分。

ベッドから這い出るように起きることは、まずないはずだ。起きるのが待ち遠しくて、早く目を覚ましたくなる。エネルギーにあふれ、心底ワクワクしている。急いで布団をめくってベッドから出て立ち上がる頃には、すでに1日を始める準備ができていた。

あなたの毎日が、こんなふうだったらどうだろう？

「モーニングメソッド」から得られる大きな収穫のひとつは、あなたがエネルギーに満ちたワクワクした気分で目覚めるようになることだ。

これからは、毎日それが続く。

あなたは、寝る前に数分かけて気持ちを整え、「朝に目覚めたときにどう感じるか」を決めるだけでいい。

目的を持って1日を始めよう。「義務」ではなく心から「望んで」起きるのだ。そして、この上なく充実した、最高に豊かな人生を築くのにふさわしい自分へと成長するために、時間を使おう。

でも、ちょっと待ってほしい――「自分は朝型人間ではない」と信じて過ごしてきた僕たちにとって、毎日ワクワクしながら目覚め、ベッドから飛び起きて理想の人生を叶える準備を整えるのに、最後の障害がひとつあるかもしれない。

それは何かというと……スヌーズボタンの誘惑だ。

5章

スヌーズボタンを使わない目覚めのポイント

考えてみたら、朝にスヌーズボタンを押すなんて、変な話だよ。「僕は朝起きるのが大嫌いだ。だから何度も何度もやり直すんだ」と言っているようなものだ。

——ディミトリ・マーティン

朝がもっと遅く始まれば、もっと好きになれるのに。

——作者不明

最初に言っておくが、僕自身、これから紹介するテクニックを習得しなければ、今頃まだ眠っているか、スヌーズボタンを押し続けているだろう。

そして、「僕は朝型人間じゃない」という思い込みに縛られていたはずだ。

ではどうすれば克服できるのか？

新しい習慣は最初は楽しくないかもしれない。

しかし、いったん習慣が身についてメリットを享受し始めると、自然に身体が動いて楽しめるだけではなく、やらずにはいられなくなる。

たとえば、早起きが好きな人はまれだが、早起きしたときの気分が嫌いな人はいない。

僕が早起きを始めたときに役立ったのは、**「非生産的な夜の時間を生産性の高い朝の時間に変える」**という考え方だった。

夜更かししてテレビを見たり、SNSを見続けたり、お酒を飲んだり、ダラダラと過ごしたり、といった1日の終わりの無駄な時間を省いて、生産的な朝の恩恵を受けるようになった。

つまり、モーニングメソッドを実践するために睡眠を犠牲にしなくてもいい――朝の時間は、1日のどこかにある浪費時間から捻出することができる。

「起きたい気分」になる5つのステップ

平均的な朝を想像してみよう。

アラームが鳴った瞬間の「起きたい気分のレベル」を1から10（1は何が何でも起きた

くない、10は今すぐ起きて1日を始められる）で測定すると、あなたは何点だろうか？「1」か「2」の人が大半のはずだ。まだ寝ぼけているときに、スヌーズボタンを押して寝直したくなるのは、自然の流れだ。

では、どうすればいい？

答えはシンプル。**一気に何もかもやろうとしないで、1ステップずつに行動を区切って行うことだ**。

スヌーズボタンを押さずにラクに起きるための5つのステップを紹介しよう。

ステップ❶　前夜のうちに意志を固める

すっきり目覚めるための第一のポイントとして、覚えておいてほしい言葉がある。

「朝起きて最初に考えたことは、たいてい、寝る前最後に考えたのと同じ内容である」

メンタルの状態についても同様で、ストレスの強い考え事や心配事で頭をいっぱいにして眠ると、同じ考えや気持ちを抱えたまま目覚める可能性が高くなる。

就寝時の精神状態は、眠っている間に潜在意識に重くのしかかり、目覚めたときにどう感じるかに影響する。だから、眠りに落ちるときに何を考え、何を思い浮かべるかは意識的に選択するべきなのだ。

ステップ1、つまり「前夜のうちに意志を固める」は、あなたが思っている以上に影響力があるので、見落とさないようにしてほしい。

毎晩わずか数分、目覚めたときの気分を設定することで、翌朝に力がみなぎり、ワクワクしながら目覚めて、1日を最適化することができる。

ステップ❷ アラームをベッドから遠ざける

これは、もっとも簡単で効果的な戦略かもしれない。目覚まし時計を、寝ている場所からできるだけ遠ざけてみてほしい。僕はバスルームのシンクに置いているが、そうすると、アラームが鳴った瞬間にベッドから起き上がり、すぐに身体を動かすことになる。

動くことでエネルギーが生みだされ、起き上がってアラームを止めるために歩くだけで、自然に目が覚める。すると、そのまま起きていられるようになるのだ。

目を覚まして直立している時間が1分増えるごとに、「起きたい気分のレベル」も上がる。ベッドから出て部屋を歩いてアラームを止めるように場所を設定するだけで、レベルがたちまち「1」から「2」や「3」に上がるだろう。

とはいえ、まだ1日を始める準備が整っていないかもしれない。そこでやってほしいのが……

ステップ❸ 歯を磨く

ここでのポイントは、何も考えずにできることで、身体が目覚める準備期間を与えること。アラームを止めたら、そのまま洗面所に直行して歯を磨く。

ついでに顔を冷水で洗ってもいいだろう。このシンプルな手順だけで、起きたい気分が「3」か「4」に上がる。

口の中がミントの香りですっきりしたところで、今度は水分補給の時間だ。

ステップ❹ コップ1杯の水を飲む

気づいていないかもしれないが、眠っている間は6~8時間水を飲んでいないため、起きたときには身体が軽い水分不足になっている。

水分が不足すると疲労につながる。**1日のうち、どんな時間でも疲れを感じたときは、たいてい必要なのは睡眠よりも水分なのだ。**

眠っている間は水分補給ができず、汗と呼気によって水蒸気を排出するため、多量の水分が失われていることはよく知られている。だから、起床後できるだけ早く水分補給を始めることが大切だ。

その場合、朝の飲み物にコーヒーを選ぶ人は多いだろう。コーヒーには数多くのメリットがあるが、水分補給にはならないので注意が必要だ。利尿作用があり、さらなる脱水を引き起こす可能性がある。もちろん朝にラテを飲んでも問題ないので安心してほしい。ただし、少なくともコップ1杯の水を飲んだ後にすることをおすすめしたい。

さらなる効果を得たい人には、ヒマラヤ岩塩をほんの少しだけと新鮮なレモン汁を水に加えるといい。ミネラルやビタミンCも補給でき、免疫力が高まり、身体が内側と外側から元気になる。

朝一番に水を飲むことを忘れないよう、僕は寝る直前にベッドサイドテーブルにコップ1杯の水を置いている。朝、歯を磨いた後にすぐに半分ほど飲み、残りを少しずつ飲むようにしている。

目的は、できるだけ早く身体と心を潤し、睡眠中に奪われた水分を補うことだ。

コップ1杯の水で水分補給ができたら、起きたい気分が「3」〜「4」から「5」〜「6」に上がる。

ステップ❺ 運動ができる服に着替える

大切な最後のステップは、運動ができる服に着替えること。寝室を出たらさっそくモーニングメソッドの実践に入るためだ。

実践には短時間の運動（エクササイズ）が含まれる。着替える数分間は、心と身体を目覚めさせる時間になり、起きたい気分を「6」や「7」に上げてくれるだけではなく、あなたの意識に「正式に起床した」というメッセージを送ってくれる。


5つのステップは、ものの数分でできる。完了すれば「起きたい気分のレベル」が自然に上がり、モーニングメソッドを行うのに必要なエネルギーを生み出すことができる。

それでも起きるのが辛い人は環境をアレンジしたほうがいい。モーニングメソッドの実践者からいただいたヒントをご紹介しよう。

振動する目覚まし時計を使う

パートナーや赤ちゃんなど、朝に鳴るアラーム音に悪影響を受ける人の隣で寝ている場合は、迷惑にならないような工夫が必要かもしれない。幸い、さまざまなタイプの振動式の目覚まし時計は存在する。

主なデザインは二つ。腕時計などのウェアラブルタイプと、枕の下に入れておくタイプだ。「振動式目覚まし時計」をネット検索すると、さまざまな商品が表示されるだろう。

寝室のヒーターにタイマーをつける

寒くて朝ベッドから起き上がるのに苦労しているなら、このヒントが役立つかもしれない。冬季にはベッドの横にヒーターを置いて、起きる時間の15分前にスイッチが入るようにタイマーを設定しておくのだ。そうすれば、目覚めたときに部屋が暖かくなり、寒くて布団にもぐりこもうという誘惑に負けなくなる。

5つのステップは自由にアレンジしてOKだ。目的は、最小限の労力で、できるだけラクに目覚めて行動するための手順を確立すること。シンプルで効果的な段取りを事前に決めておこう。

さっそく今夜の準備から始めてほしい。目覚まし時計をベッドから離し、寝る前には明日の朝に前向きに起きられるように気分を整え、サイドテーブルに歯磨き後に飲むコップ1杯の水を準備する。

朝、運動ができる服に着替えれば、次の章で詳しく説明する「6つの習慣」に取り組む準備は万端だ。

6章

確実に人生を変える6つの習慣

成功は、人柄に引き寄せられるものだ。
——ジム・ローン

極上の人生とは、もっとも重要な分野での絶え間ない前進の積み重ねである。
——ロビン・シャーマ

ストレスまみれ。心配でたまらない。不満でイライラ。満たされない。つまらない。
「平凡な人」の大多数は、しょっちゅう自分の人生をそんなふうに感じているものだ。
もちろん、人生は厳しい。
理不尽なこともある。
それなりの困難に耐えてきた人が大多数だし、全員が助けてもらえる恵まれた環境に生まれつくわけではない。

チャンスだって平等じゃない。

それでも僕たちは誰もが全員、最高バージョンの自分になれる可能性を持って生まれている。

日常に追われる毎日から、理想を追いかける毎日へ

「今の自分」と「なれるはずの自分」との間にギャップがあり、間違った現実を生きているように感じたことはないだろうか。

「理想の人生」や「理想の自分」が、手の届かないところにあると感じたことはないだろうか。

自分とは違うレベルの成功を達成している人を見ると、その人は知っているけど自分は知らない「何かの秘訣」がある、と感じたことは?

自分もその秘訣さえわかれば、同じレベルの成功を享受しているはずだと思ったことは?

ほとんどの人は、「今の自分」と「なれるはずの自分」との間に隔たりがあり、いるべきではない場所で生きている。

意欲や努力が続かないことや、結果が出ない自分に、しょっちゅういらだっている。望む結果を出すために必要な行動について考えることには熱心だけど、実際には行動を起こさない。やるべきことはわかっているのに継続した努力はできない。あなたにも思い当たるだろうか？

でも、あなたの人生はそんなものじゃない。

「今の自分」と「理想の自分」の間にあるギャップを埋めることは可能だ。この章では、そのための6つの習慣を紹介する。

人生を最速で変化させるには、何をすればいいか。もっとも効果的に成長できるものは何かと考えたとき、僕は一つに絞り込むことができなかった。

そして結局、次の6つに落ち着いた。〈サイレンス〉、〈アファメーション〉、〈イメージング〉、〈エクササイズ〉、〈リーディング〉、〈ライティング〉だ。

そして、この6つすべてを組み合わせたらどれほど強力になるかと考えたときに、ひらめきが下りてきたのだ。

この6つは、時代を超越した実証済みの「自分を成長させる方法」であり、あらゆる分野で成功を収めた人の多くが、何世紀にもわたって信奉してきたメソッドだ。このうちの一つでも実践すれば、意識が高まり、自己を向上させることができるだろうし、６つすべてを組み合わせれば、成長と変革が加速するだろう。

なかには「アファメーション」とか「イメージング」という言葉にあやしげな先入観を持つ人もいるかもしれない。否定的に捉える人もいるだろう。あまりにも多くの人に時代を超えて実践されてきたやり方には、不適切な形で普及したものや、間違った方法で行われてきたものさえある。

たとえば、事実ではないのに「私は億万長者です」とか、「私は幸せです」と鏡に向かって唱えるなんて、ばかばかしくて時間の無駄だと感じる人もいるだろう。僕もそう思う。

でも、どうか心を開いてほしい。

正しいやり方でのぞめば、各メソッドは実用的であり、効果が証明されている。

それに、「モーニングメソッド」は、これら最強の６つのメソッドを、シンプルで連続したルーティンによって、６分から60分（またはその間の任意の長さ）で実行できる。

参考までにお伝えしておくと、**実践者の約70％は60分、約20％は30分、残りの10％はそれより長いか短いかだ。**

６分でも60分でも、それ以外の長さを選択した場合でも、この実証済みの６つのメソッドをすべて完了した後で、１日をスタートさせることはできる。

ここからは、この6つの習慣をひとつずつ詳しく紹介する。

メソッド1　サイレンス

沈黙することにより、魂は澄んだ光の中で道を見出すことができる。捉えどころのないものやまやかしは、一点のにごりもない澄み切ったものへと変わる。

――マハトマ・ガンジー

1時間の沈黙は、1年分の読書よりも多くのことを教えてくれる。

――マシュー・ケリー

モーニングメソッドの最初のメソッドは「サイレンス＝沈黙」だ。慌ただしくせかせかした刺激過多のライフスタイルを送っている人には、劇的な効果が得られることだろう。

ここで僕が紹介したいのは、**「目的のある沈黙」**の効果である。なんとなく静かにするのではなく、高い目的意識を持って沈黙の時間をつくるのだ。

昔は、静かな瞑想の時間が日常生活のあちこちに組み込まれていた。列に並んでいるとき、空港で座っているとき、散歩に出かけるとき、バスの窓の外を眺めているとき――自分の考えに耳を傾ける時間があった。

ところが現代は、スマートフォンのおかげで「ひとりの時間」はほぼ消滅してしまった。テキストメッセージを送る、ゲームをする、メールをチェックする、動画を見る、買い物をする、あるいはSNSを無意識にスクロールする――デジタルデバイスのおかげで、自分の考えと向き合う時間がなくなってしまったのだ。

残念なことに、現代社会は、平穏で目的のある沈黙の時間を日常生活に組み込むことの必要性と利点を見失っているように思える。

朝を極上の時間にするために

目覚めたとき、あなたはどんなふうに過ごしているだろう。1日の始まりにスマートフォンを手に取って、すぐに頭の中を外部からの刺激であふれさせるのが普通だろうか？

IT専門の市場調査及びコンサルティング企業のIDCが実施した調査研究によると、

スマートフォンのユーザーの約80％が起床後15分以内に携帯電話をチェックしていて、その多くは数秒以内に行っている。

神経学を専門とする精神科医ニコル・ベンダース・ハディ博士によると、「起床後すぐにスマートフォンに目を向けると、ストレスが増し、せわしなく1日が始まる可能性が高くなる」という。

つまり、ほとんどの人にとって朝は「慌ただしくストレスがたまる」か「集中力に欠け、非生産的」のどちらか、または両方だ。

急いで支度をする人もいれば、ぐずぐずしてなかなか動けない人もいるが、**多くの人は、頭の中が雑音と独り言でいっぱいだ**。今日やらなければならないこと。昨日できなかったこと。終わりのないＴｏＤｏリスト。行かなければならない場所。会わなければならない人。パートナーとの最近の口論。自分の力ではなんともならない無数の心配事……。自分の手には負えないと感じて、ストレスや不安がとめどなく続く。

「朝起きるだけでひと苦労」という人もいる。目覚めて動き出すまでにしばらく時間がかかり、だるくてやる気が起きず、集中力がない状態で1日が始まる。

これもまた、目標達成に向けた1日の始め方として生産的とは言えないだろう。

でも、モーニングメソッドを毎日実践すれば、心が鎮まり、神経系が落ち着き、ストレスが軽減し、平穏が感じられ、重要なことに集中できる頭の冴えが確実に得られるのだ。

沈黙して時間を過ごすことの利点は、これまでにもたくさんの文献で紹介されてきた。祈りの力から瞑想の奇跡まで、**歴史上の偉人たちは、「目的のある沈黙」を利用することで、自分の限界の壁を破り、並外れた結果を生み出してきた。**

「目的のある沈黙」の時間には、次のことを行うとよいだろう（順不同）。

- 瞑想
- 祈り
- 感謝
- 呼吸法

いずれも心を鎮めて今に集中し、オープンな気持ちで次に続く5つのメソッドの効果を受け入れやすくしてくれる。

どれかひとつを行う朝もあれば、いくつかを選んで組み合わせる朝があってもいい。僕の場合は、感謝の祈りからはじめることがほとんどだ。その後、その日の必要に応じて5

分から20分間瞑想する。僕の瞑想は、軽い呼吸法で始める。シンプルに呼吸に意識を向けることで心を落ち着かせる（詳しくは後ほど）。

ちなみに僕は、日記帳をそばに置いて、瞑想中に浮かんだアイデアを書き留められるようにしている。瞑想中は精神が研ぎ澄まされてアイデアが冴えるからだ。

正しい瞑想とは違うかもしれないけれど、僕にとって有益なので、このやり方を続けていて、今のところ不具合はまったくない。

始めるときはベッドから離れて、できれば寝室から出るのが望ましい。そうしないと、静かに座った状態から前かがみになって、再び眠りに落ちてしまうことがあるからだ。

この誘惑を避けるために、僕は必ずリビングルームのソファで、背筋を伸ばして行っている。

リビングルームには、モーニングメソッドの実践に必要なツールすべてが用意されていて、僕を待っている。日記帳、ヨガマット、アファメーションを印刷した紙、読みかけの本が同じ場所に鎮座しているので、探し物などもせずにすぐにメソッドにとりかかることができる。

こうした**細かいセッティングをしておくのも継続の秘訣だ。**

瞑想の効果とは

瞑想はスピリチュアルな行いと考えられがちだが、これを執筆している時点で、140件を超える科学的研究によって、瞑想が精神的・感情的・生理的に大きなメリットをもたらすことは実証されている。

多くの研究から、瞑想を継続的に行うことで、脳の活動、代謝、血圧をはじめとする身体機能まで持続的に改善されることが実証されているのだ。

瞑想には、ストレスや不安を軽減し、身体の痛みを和らげ、睡眠の質を高め、気分や集中力を高め、寿命を延ばす効果もあるらしい。僕が瞑想を試してみようと思ったのも、フォーチュン500社のCEOたちが、仕事や経済面での成功は瞑想のおかげだと述べている記事を読んだのがきっかけだった。

瞑想にはさまざまな種類やタイプがあるが、一般的には二つのカテゴリーに分けられる。「誘導瞑想」と「個人瞑想」だ。

誘導瞑想とは、他人の声によって、思考やフォーカス、気づきへと導いてもらうというもの。YouTubeなどのサイトや、さまざまなアプリなどを使って試すことができる。

一方で個人瞑想は、誰の補助も受けずに1人で行う瞑想だ。

過去15年間、僕は数えきれないほど多くの種類の瞑想を探し出しては試してきた。その結果、さまざまな方法を組み合わせて、もっとも効果的なフォーマットを創り出すことができた。

6つのメソッドすべてに対するアプローチからもわかるように、僕の根底にある意図は、各メソッドを実用的かつ実行可能で、結果を出せる形にすることだ。

次のセクションでは、これまで瞑想をしたことがない人でもすぐに実践できる、簡単な3ステップの個人瞑想のやり方を順を追って説明する。

「なりたい気分」を選べるモーニングメソッド式瞑想

多くの瞑想テクニックは、心をクリアにすること、思考を観察すること、呼吸に集中すること（いずれも効果的な方法）に重点を置いているが、僕のモーニングメソッド式瞑想では、自分が望む精神・感情の状態を意識的に選択し、その状態で瞑想することで、神経系にその精神・感情の状態をしっかりと定着させていくというもの。

いい気分になりたくない人はいない。誰でも、幸福、感謝、平和、自信、意欲、活力、高揚感、愛情を感じたいものだ。

この瞑想を行うことで、外部の状況に自分の感情が左右されるのではなく、自分が「どう感じるか」を選択できるようになる。

たとえば、口論したパートナーに愛情を示したいとき、これから行うプレゼンに自信を持ちたいとき、悲しみや喪失の感情を受け入れたいときなど。

瞑想は、「常に何かを考えていなければならない」という強迫的な欲求を手放す許可を自分に与える機会でもある。

思考の多くは反復的で非生産的だ。僕たちは過去を追体験したり、将来を心配したり、問題を反芻したりするが、このすべては、自分を「今、ここ」から引き離してしまう。

人生とは今、現在の瞬間の積み重ねだ。だから、過去を追体験したり、将来を心配したりしていると、今を十分に生きるチャンスを逃してしまう。

瞑想は、自分の心配事をいったん切り離して、自分の人生にフルコミットで向き合う機会を与えてくれるのだ。

また、瞑想に「適切な期待」を設定することも重要だ。座って瞑想するたびに、心が完全に澄み切る深い体験ができる、などと期待すると、失望する可能性が高い。それは運動をするたびに10ポンド痩せると期待するのと似ている。

瞑想するのは、自分の思考と感情に心穏やかに向き合い、「今、ここ」に意識を完全に向けて、集中力と注意力を高め、精神的・感情的な状態を最適化するように、少しずつ訓練するためだ。

瞑想を始める前に、周囲の環境を整えよう。

静かで快適な場所を見つけたら、ソファや椅子に背筋を伸ばして座るか、床にあぐらをかいたり、クッションを使って心地よい姿勢で座ったりしよう。

目を閉じるか、部屋の一点を見つめるか、好きな方を選び、瞑想する時間を決めて、時間になったら静かに知らせてくれるタイマーを設定することをおすすめする。

瞑想が初めての場合は、少なくとも10分、理想的にはそれより長い時間を、焦らずに落ち着いて過ごせるようにしよう。

ステップ❶ 最適なメンタルと気持ちを考える

瞑想の目的は、最適な気分を意識的に選択し、自分の感情と思考を整えていくことだ。

まずはこの問いかけから始めよう。

「今、どんな気持ちが、私にもっとも役立つだろうか？」

今日はどんな予定があり、あなた自身と他者のために、どんな気持ちになっておくことが最適かを考えるのだ。

時には、望みどおりに気持ちを整える前に、ネガティブな気持ちを手放す必要があるかもしれない。大きなプレッシャーやストレスを感じていたり、打ちのめされそうになっているなら、心穏やかになるために、ストレスのかかる思考や感情を手放す許可を自分に与えることが必要かもしれない。

何か問題が引っかかっているときは、「何を手放す必要があるか?」と自分に問いかけてみよう。手放すものが見つかったら、瞑想の間だけでも、意識的に手放してみよう。

同様に、不幸せな気分が続いているなら、「自分は幸福に値する人間だ」というシンプルな理由で、自分に幸せになる許可を与えてみよう。その許可を与えることができるのは、他の誰でもない。あなた自身だ。

人生が困難で、不快で、苦痛なときでも、感情の持ち方は自分で選べる。感謝していることに意識を集中して、純粋な幸福感に浸ることもできるのだ。

自分に制限をかけるのはやめよう。あなたは、自分が選択した通りの感情を感じていいのだ。あなたはそれに値する人間だ。

今日、あなたはどのように感じたいだろう?

ステップ❷ 呼吸に集中して心を落ち着かせる

ほとんどの人にとって、瞑想が妨げられる最大の理由は、頭の中のおしゃべりが止まらないことだ。そのため、シンプルな呼吸法を使った瞑想が、長く受け入れられてきた。呼吸に集中する目的は、内なる対話から注意をそらし、今この瞬間に起こっていることに意識を向け、心を落ち着かせることだ。

呼吸に意識を集中することから、瞑想を始めよう。ゆっくりと、自然な呼吸を行う。鼻からゆっくりと長く息を吸い、鼻または口から（どちらでもラクなほうで）長く息を吐き出す。

意識すべきことを唱えたり、呼吸を数えたりするのも効果的だ。たとえば、息を吸うたびに「吸う……吸う……吸う……吸う……」、吐くたびに「吐く……吐く……吐く……吐く……」と心の中で唱える。数えるのなら、息を吸ったり吐いたりするたびに一呼吸として数えてもよいし、息を吸うときに「1……1……1……」とゆっくり数え、続いて吐きながら「2……2……2……」と数え、次に息を吸うときに「3……3……3……3……」と数えてもいいだろう（僕はこのやり方が好みだ）。これを20回（10回ずつ吸って吐く）くらいやると心が鎮まり、ステップ3に進む準備が整う。

心を鎮めるのは、初めのうちは難しく感じるかもしれない（それは普通のことだ）が、**呼吸を追いかけているうちに、思考と感情が徐々に落ち着いてくる**のが感じられるだろう。

重要なのは、心がざわついて鎮まらなくても、イライラしたり焦ったりしないこと。意識が呼吸から思考へとさまよっていることに気づいたら、その変化を認めて、平静を保ったまま、意識を呼吸のほうに戻そう。

意識を集中し、平静を保つことは一種のスキルであり、練習すればするほどラクにできるようになる。

ステップ❸　最適な状態で瞑想する

心が鎮まったところで、自分にとって最適な気持ちの設定に意識を向けよう。これを行うには、心を空っぽにしようとするのではなく（ほとんどの瞑想ではそうするように言われる）、自分が望む状態と一致する「思考、イメージ、言葉」で心を満たすといい。

たとえば、あなたが選んだ、なりたい気持ちが「感謝」であれば、ゆっくりと落ち着いて深い呼吸を続けながら、こんなふうに考えてみよう。

「私には感謝すべきことがたくさんある。今この瞬間に自分が安全であることに感謝している。瞑想する能力があることに感謝している。人生の中で、私を愛し、私が愛することができる人々に感謝している。頭上に屋根があり、食べるものがあり、着るものがあり、その他多くのものがあることに感謝している。困難に直面することで、学び、成長し、より良い自分になれるので、困難に感謝している。何が起こっても、変えられないことに常に冷静になることを選び、最適な精神・感情の状態を生み出せることに感謝している」

また、生理機能（呼吸、姿勢、表情）を望みの状態に合わせることもいい。

たとえば、感謝できることを考えながら、かすかに微笑む。「実験心理学」誌の最近の研究によると、笑顔を浮かべるという行為は、たとえ最初は本心からの笑顔でなかったとしても、ポジティブさに関連する脳内化学物質を刺激して、本当に笑顔に結びついた気持ちになるという。

自信ややる気にあふれた状態を選ぶなら、まっすぐに座り（または立ち）、肩を後ろに引いて、自信とやる気を感じている人のように呼吸を行い、最適な状態を体現すると、気持ちもついてくる。

僕は現在、他のタイプの瞑想も行っているが、この瞑想がもっとも気に入っている。心が鎮まるだけではなく、**人生で何が起こっていても、毎日精神的にも感情的にも最高の状態に自分を導くことができる**からだ。長く実践すればするほど、簡単にできるようになり、メリットが増えていく。

沈黙の中で過ごす時間は、心を鎮めて感謝の気持ちを味わい、日々のストレスや心配事から解放される機会となる。音声で誘導してもらえる誘導瞑想を試したいなら、YouTubeやアプリで、数え切れないほど多くの種類の瞑想が無料で利用できるので見てみてほしい。

僕自身は、瞑想を始めたばかりの頃は、瞑想することがかなり難しかったので、誘導瞑想が役に立った。人から、何に集中し、何を手放すべきかを誘導してもらい、瞑想の仕方を教えてもらえるからだ。

3〜4週間かけて、誘導瞑想と個人瞑想を交互に繰り返し、ようやくコツをつかんだような気持ちになれた。そしてようやく、考えが浮かんでくるのを許せるようになったし、考えが浮かぶことを穏やかに認め、イライラせずに静かに流していけるようになった。

最初は沈黙の中で時間を過ごしたり瞑想したりするのが大変でも、くじけないでほしい。続けていけば、人生に計り知れないほどのメリットがもたらされる。

メソッド2　アファメーション

アファメーションを繰り返すことが信念につながる。信念が深い確信になると、物事が実現し始める。
——モハメド・アリ

「私は成功者である」と潜在意識に刷り込まない限り、あなたは落伍者になる。潜在意識への刷り込みは、アファメーションによってなされる。
——フローレンス・スコーヴェル・シン

「私は世界一だ!」。モハメド・アリはこの自己肯定のアファメーションを繰り返し使い、そして実現させた。

自分に繰り返し宣言し、言い聞かせる内容が自分の内なる現実となり、本当の現実世界に影響を与える。アファメーションは、強力な威力を発揮するツールだ。

人は誰でも、ほぼノンストップで、頭の中でひとりごとをつぶやいている。そのほとんどは無意識のつぶやきであり、意識的に選んだ言葉ではない。

そして**無意識のうちに、過去の経験や自分の限界について頭の中で再生している。**そうすることで、自分自身や周囲の世界の限界を信じる気持ちが再確認され、永続化する。

これは誰もが行う「普通の」ことだが、潜在能力を発揮するのを妨げるもっとも有害な要因のひとつでもある。

ヘンリー・フォードの有名な言葉のように、**「本人ができると思うか、できないと思うか、どちらの思い込みも正しい」**のだ。

自分のメンタルをプログラミングする

僕たちは皆、潜在意識レベルで、考え方、信念、行動の仕方をプログラムされている。それは、他人から言われたこと、自分が自分に言ったこと、人生のすべての経験（良いことも悪いことも）など、多くの影響の結果だ。

自分の間違いや不足に絶えず焦点を当てていると、罪悪感や足りない気持ちにさいなまれ、「自分は望みどおりの成功に値しない人間だ」と自分に暗示をかけてしまうかもしれない。意識的にプラスになるように頭の中のひとりごとを再設計しなければ、過去の失敗や不安を繰り返し、自分に制限をかけ続けてしまう。

幸いプログラミングはいつでも変更または改善が可能だ。これから僕が紹介するのは、結果を出せるように設計されたアファメーションを作成するための、シンプルだが強力な手順だ。

あなたは、自分が人生で達成しようとしていること、それが必要な理由、具体的なアクションについて、特定し、言語化して、肯定できるようになる。

アファメーションを繰り返し唱えることで、潜在意識はあなたが言ったことを信じ始め、それに基づいて行動し、最終的にはあなたが意図的に選んだ現実を創り出すのだ。

紙でもデジタルでもよいので、アファメーションは必ず書き留めておこう。慎重に練り上げた正確な言葉を使うことで、偽りがなく、あなたにぴったり合った文章になる。

望む結果はひとりひとり違うし、自分を妨げる「自分でつくった限界点」も異なる。だから、あなた自身が選び抜いた言葉が自分に響くのだ。

書き留めることのもう一つの利点は、毎日暗唱できることだ。繰り返し読むことで、あなたの心が新しい現実を受け入れ始める。

アファメーションを繰り返し続けることで、人生に大きな変化を起こすのに必要な下地ができていくのだ。

従来のアファメーションがうまくいかない理由

アファメーションは、正しく行えば、思考や行動を変えるのに極めて効果的であることが証明されている。

しかし一方で、あまり効果が得られないと言う人もいれば、陳腐だと言う人もいる。残念なことに、間違ったやり方でアファメーションを試して、効果が出ずにがっかりしたという人が大勢いるのだ。

若い頃の僕も、アファメーションは陳腐で効果がないと考えるうちのひとりだった。根拠がなく、気分を良くする言葉を羅列するだけだと思っていたのだ。

僕がアファメーションの威力を初めて知ったのは、もっとも成功している親しい友人のひとりであるマット・レコアと同居していたときだった。当時はほぼ毎日、マットが部屋のシャワールームで喋っている声が聞こえてきた。ある日、自分が呼ばれているのかと思ってシャワールームのドアに近づいたとき、彼がこんなことを言っているのが判明した。

「俺は自分の運命をコントロールしている！　俺は成功して当然の人間だ！　俺は、目標に到達して理想の人生を送るために、今日やるべきすべてのことに全力で取り組む！」

聞いたときは、変な奴だなあ、と思ったものだ。

それ以前に僕が知っていたアファメーションといえば、1990年代の人気テレビ番組「サタデー・ナイトライブ」の、アル・フランケン扮するスチュアート・スモーリーの「デイリー・アファメーション」だった。

彼は毎回、鏡に映った自分を見つめながら「俺はいい人間だ、俺は賢い、ちくしょう、俺はみんなに好かれるんだ！」と言い聞かせていた。おもしろかったけれど、そのせいで、僕はアファメーションはジョークだと思っていた節もあった。


しかし、マットは違った。アンソニー・ロビンズを師匠にしていたマットは、長年にわたってアファメーションを使って潜在意識を丁寧にプログラミングし、並外れたレベルの成功を収めた。25歳までに5件の家を所有し、自力で億万長者になったのだ。

僕も早くマットを見習えばよかった。当時の僕は、マットの家を間借りする立場であり、アファメーションが人生を変える最強のツールのひとつだと気づいたのは、その数年後だった。

リーマンショックから人生が行き詰まり、モーニングメソッドを開発しようとしたときになって、ようやく僕はアファメーションが自己変革のための正しいツールであることを認識した。

アファメーションは、信じるまで繰り返すことで人生を変えることができると約束してくれる。

自分が怠け者だと信じて育った僕にとっては（実際にそうだった）、これはまさに好みのやり方だった。とくに努力をする必要がないのであれば……そう思って、取り組むことにした。

ところが、うまくいかなかった。

すぐに、ほとんどの人がぶつかるのと同じ壁にぶつかった。何も変わらなかったのだ――一般的にいいとされている文章を使っても、僕の目の前に、素晴らしい人生は現れてくれなかった。

それに、自分とは違う状態を断言するのが、偽物っぽく感じられた。「私はお金持ちです」なんて、そのときの状況ではとても言えなかった。

それでもある日、僕はひらめいた。欠陥はアファメーション自体にあるのではない。**使い方が間違っていたのだと。**

僕は最終的に、欠陥を重大な二つに絞り込んだ。そして完全にアプローチを変えることで、本当の意味で実用的で実行可能なアファメーションを設計した。それによって、常に具体的かつ測定可能な結果が出せるようになったのだ。

ここからは、二つの欠陥と、それが引き起こす問題について説明する。

欠陥その❶ 自分に嘘をつくのは効果がない

「私は億万長者です」本当に？

「私の体脂肪率は7％です」そうなの？

「今年の目標はすべて達成しました」そうだっけ？

これが、ほとんどの人にとってアファメーションの効果が出ない最大の理由かもしれない。

これは「真実であってほしいと願うことを繰り返し唱えて、自分自身を騙して信じ込ませる」というテクニックだが、**心の奥底で、あなたはそれが真実ではないことを知っている。**

そして、真実に根ざしていないアファメーションを唱えるたびに、嘘をついているので、**潜在意識が抵抗したり拒否したりする。**

あなたにとって真実として響かないときに「私は裕福だ」または「私は幸せだ」と断言すると、不必要な内面の葛藤を生み出すことになるのだ。

あなたが妄想に陥っていない知的な人間なら、自分に何度も嘘をつくことは最善の戦略ではない。**真実は常に勝利する**からだ。

欠陥その❷　受動的な言葉は結果につながらない

多くのアファメーションは、私たちを気分良くさせる内容になっている。努力とは無関係に、成功する未来の空手形をくれるのだ。

たとえば、多くのスピリチュアル講師や自己啓発の権威が善意で伝授してきた、お金に関する人気のアファメーションがある。

「私はお金を引き寄せます。お金は努力せずとも潤沢に私のもとに流れ込みます」

お金を稼ぐのがそんなに簡単なら、僕だって仲間に入れてほしい。

具体的な結果を達成するためには、**アファメーションが行動の変化につながる必要があるのだ。**だから、受動的な言葉のアファメーションは効果的ではない。

結果重視のオリジナル・アファメーション作成の3つのステップ

それではこれから、あなたの人生にだけ効果的なアファメーションを作成しよう。

実用的で実行可能な、結果重視のアファメーションを作成するには、３つの簡単なステップを踏む必要がある。

ステップ❶ あなたがコミットする対象を決める

誰もが、数え切れないほど多くのことを望んでいる。しかし、本当に手に入るのは自分が積極的に関わる約束をしている、つまり「コミットしていること」だけだ。**積極的に関わり続けていれば、必ず道は開ける。**

しかし、ほとんどの人は忙しすぎて、物事にコミットをするのに苦労している。だから何も変わらないのだ。

目標にしっかりコミットしたいなら、毎日、あなたがコミットしていることを繰り返し唱えよう。そうすることで、常に目標を念頭に置くことができ、コミットのレベルが着実に高まる。

そして、アファメーションでは、**人生でコミットしていることについて、「結果」と「行動」を、はっきりと正確に表現する必要がある。**

「10ポンドの減量」は結果であり、「週5日のランニング」は行動だ。

アファメーションの形式で書くと、次のようになる。

私は何があっても週に5日ランニングして、10ポンド痩せることにコミットします。他に選択肢はありません！

　コミットしている内容について、確信を持って唱えれば唱え続けるほど、脳はそれを実現するためにさらに積極的に関わろうとする。

　ちなみに文章の終わりに感嘆符（！）があることにお気づきだろうか。これは感情と確信を込めて唱えることを思い出すためのリマインダーだ。**本物のコミットメントは感情と確信を持って言葉にすることで高まる**のだ。

　アファメーションは日記帳や紙に手書きしてもいいが、僕のおすすめはデジタルデバイスを使うことだ。ＰＣのメモアプリやスマートフォンのアプリなどがいい。

　デジタルデバイスの長所は、いつでも好きなときにアファメーションを振り返って簡単に更新できるところだ。あなたが学んで成長し、進化し続けるにつれて、アファメーションも進化するはずだ。

　実現に向けてコミットすべき、意味のある「結果」または「行動」を特定したら、次のテンプレートを使って空白を埋めて、あなたのオリジナルの文章を作成しよう。

私は何があっても＿＿＿＿をして、＿＿＿＿にコミットします。他に選択肢はありません！

ステップ❷　なぜそれが重要なのかを書き出す

コミットメントを持続させる説得力のある理由を盛り込もう。

アファメーションを現実にするため、この約束は、「なぜ」あなたにとって意味があるのか、また、これをすることであなたの人生やあなたの周りの人の人生をどのように豊かにするのかを考えてみよう。

理由に説得力があればあるほど、最後までやり遂げる可能性が高くなる。

心に留めておいてほしいのは、**これらの理由はあなただけのものである**ということ。他の人と共有する必要はない。

また、これは下書きであることも覚えておこう。アファメーションはいつでも編集可能なので、完璧に仕上げなくてもオーケーだ。

上手に書けていないアファメーションのほうが、存在しないアファメーションよりも、はるかに効果的なのだから。

ステップ❸ 「どの」アクションを「いつ」実行するかを書き出す

最後のステップでは、「どの」アクションを「いつ」、どのくらいの頻度で実行するかを明言しよう。

多くの場合、改善するために何をすればよいかはすでにわかっていて、**実行することにコミットしていないから動けないということが多い。**

僕はCutco社に勤務して6年目の最後の年、「自己最高額の2倍を売り上げる」という壮大な目標を設定した。売上を2倍にするのはきわめて困難なことだが、達成するには見込み客への電話回数を2倍にすればいいだけ、と気づいたのだ。

電話の回数が2倍になれば、予定されるアポイントメントも2倍になり、理論上は売り上げも2倍になるはずだ。

売り上げが最高だった前年の平均電話回数は1日あたり約10回だったので、電話回数を1日あたり20回に増やせば、売り上げは必然的に2倍になると判断した。すべきことはわかっていた。そこまでのレベルを実行しようと決心したことがなかっただけだ。

そこで僕は、何があろうとも、毎日午前8時から9時まで、20回の電話を予定に入れることを決意した。コミットメントを続けた僕は、年度末までに2倍以上の売り上げを達成することができた。そして収入は前年の2倍以上になった。

もちろん、あなたの希望する「結果」の内容次第では、何から手をつければいいかわからないこともあるだろう。

その場合、**最初に取るべき行動は、「何をするべきかを把握する時間」をスケジュールに組み込むこと**だ。

たとえば、ずっと起業したいと思っていたり、結婚生活をなんとか改善したいと思っているけれどその方法がわからないとしたら、最初の行動は、「次のステップは何をするか、考える時間をつくること」なのだ。

本を読んでもいいし、講演を聞きに出かけてもいい。毎週どこかで夫婦の時間をとれるようにスケジューリングを考え直すのもいいだろう。

どんなことであれ、アクションの開始と終了のタイミングを明確にするために、頻度と正確な時間枠を必ず書いておこう。

すべてをまとめる

目標を達成したり、人生を改善したりするときの大切なコツは、**気が乗らないときでも続けること**だ。

このアファメーションの構成は、その実現を助ける工夫がされている。僕もまた、この章で紹介したやり方で、アファメーションをもっとも効果的な自己成長につなげてきた。

ちなみに**アファメーションのもっともシンプルな効能は「リマインダー」だ**。あなたが重要だと考え、自分の生活に取り入れたいと望んでいることを思い出させることができる。

ただし、真実に根ざしている限り、他のスタイルのアファメーションも役に立つ。「私は幸せになることを選びます」もアファメーションだ。大切に感じることや常に念頭に置いておきたいことは、何でも自由にアファメーションにしてもらって大丈夫だ。

必要に応じてアファメーションを更新する

アファメーションの「完成稿」は存在しない。**常に更新していい**のだ。

あなたが学び、成長し、進化し続けるにつれて、アファメーションも進化するはずだ。人生に取り入れたい新しい目標、夢、習慣、哲学を思いついたら、それをサポートするアファメーションを作成しよう。

目標を達成したり、新しい習慣や哲学を完全に取り込むことができれば、もはや毎日唱える必要がなくなることに気づくだろう。その場合は、部分的に削除してオーケーだ。

定期的にアファメーションを更新することで、内容が古くなるのを防ぎ、飽きないですむ。これが、ＰＣやスマートフォンなどのデジタルデバイスでアファメーションを入力することをおすすめする理由だ。そうすれば、好きなだけ更新できる。

アファメーションは毎日、感情をこめて唱える

アファメーションは継続して読むことが重要だ。理想的には、少なくとも1日に1回は唱えてほしい。

時々読む程度だと、その効果は「時々運動する」のと同程度だと思っていいだろう。毎日の習慣の一部にしない限り、目に見える結果が出る可能性は低い。

アファメーションを頻繁に読めば読むほど、潜在意識の再プログラミングが進み、習慣的な思考パターンがアップグレードされ、自分がどう感じたいか（良い気分）や何をしたいか（生産的であること）と一致するようになる。

また、声に出して唱えるときも、頭の中で唱えるときも、アファメーションは、自分の強い信念と決意を表現するために、**感情を高めてからのぞむことをおすすめする。**

コミットメントを感じることなく、機械的にアファメーションを繰り返すと、最小限の影響力しか得られない。興奮や決意といった本気の感情を、あなたが唱えるアファメーションに力強く注ぎ込もう。

自然にできない人や、常にネガティブな精神・感情の状態にあって、落ち込んだりくじけたりしている人には、簡単ではないかもしれない。

その場合は、瞑想をうまく組み合わせて感情を最適化してみよう。体験したい気持ちに意識を向けて、自分自身に「最後にそのように感じたのはいつ？　どんな感じだった？今の自分に何と声をかける？　身体をどのように動かす？」と尋ねる。

次に、高まった気分を体験しているかのような意識で「考え、話し、動く」。これを毎日のモーニングメソッドで行うと、やがて、感情を自然に、そして本物らしく体験できるように自分を条件づけできるようになる。

メソッド3　イメージング

普通の人は、できそうなことしか信じていない。うまくいく人は、できそうなことやありそうなことよりも、不可能なことを心に思い描いている。不可能を思い描くことで、それが可能なことに見え始めるのだ。

――シェリー・カーター・スコット

物事をあるがままに見るのではなく、あなたが望むように見なさい。
——ロバート・コリアー

1954年5月6日、ロジャー・バニスターは、記録に残る歴史上初めて、1マイルを4分未満で走り、ちょうど3分59秒4で完走した人間となった。バニスターの前例のない偉業の前に、4分未満で1マイルを走った人はおらず、それは人間の身体能力を超えたことだと広く信じられていた。

不可能に思える偉業をどうやって成し遂げたのか、と尋ねられたとき、彼はこう説明した。「トレーニングの一環として、心と身体にできると確信させるために、達成する姿を執拗に思い描いた」

ロジャーもまた、私たちの誰もがイメージングを利用して最高のパフォーマンスを発揮できることを示す素晴らしい成功例なのだ。

イメージング（視覚化）とは、「メンタルリハーサル」とも呼ばれ、達成したいことや経験したいことを正確に思い描き、必要な行動を具体的に心の中でリハーサルすることをいう。

そのリハーサルの過程で、「必要なことは何でもする」という感情の準備ができる。スポーツ選手やパフォーマーが本番前に心の予行演習をするときによく使われる手法で、準備を整え、最高のレベルでパフォーマンスするのに役立てている。

僕たちはほぼ毎日、気づかないうちにメンタルリハーサルを行っているが、多くの場合は悪影響を与えてしまっている。**特段やりたくない不快なタスクや難しいタスクについて考えるたびに、「やりたくない」という感情をリハーサルしているのだ。**

「今日は仕事の後にジムに行く予定だけど、本当は行きたくない」と思っているとしよう。すると、午後5時になると、無意識にリハーサルした思考と感情が、その瞬間の行動を決定づける可能性が高くなるのだ。このようにして、僕たちは「行動をとらない」というリハーサルを常に行い、結局はやらなくなってしまう。

「理想の行動をとらない自分」を思い浮かべることは、人生で手に入れたいことをすべて奪ってしまう無意識の習慣になるのだ。

イメージングは、この無意識の悪習に対する解毒剤だ。そして数分で実行できる。ただし、アファメーションと同様に、効果的に行わないと逆効果になる可能性もある。

ビジョンボードの問題点

映画化されたベストセラー本『ザ・シークレット』（角川書店）が２００６年にポップカルチャーに登場して以来、ビジョンボードを使ったイメージングの手法が広く知られるようになった。が、やり方によっては効果がないばかりか、逆効果になることもあるので要注意だと僕は思う。

というのも、この手法では理想の人生をイメージするが、そこに到達するのに必要な行動をしている自分の姿をイメージしないからだ。

理想の家や手に入れたい車や体型、夢が叶った人生の写真を切り抜いてボードに貼る。そうすれば、人生で望むものすべてを「引き寄せる」と言われているのがビジョンボードだ。

ビジョンボードは、家族と一緒に週末に手作りするのは楽しいかもしれないし、やりたいことや所有したいもの、なりたい姿を「見える化」して保管することに価値がないわけではないが、イメージングの手法としてもっとも効果的だとは言い難い。

また、人に誤った希望を与えてしまうことになりかねない。**ボードに大量の写真を貼るだけで、理想とする結果が魔法のように現実になると信じ込ませてしまう**のだ。単なる

「妄想」になってしまわないように、注意が必要だ。

モチベーションを上げるイメージ法

一流のアスリートやパフォーマーは、最高のパフォーマンスを発揮するためにイメージングを利用することが一般に知られている。しかし僕は、オリンピックに出場したりブロードウェイでパフォーマンスしたりしていない一般の人にとって、さらに役立つもうひとつの効果があることを発見した。

イメージングは、理想の人生を阻むもっとも大きな壁である「やる気の問題」を乗り越えるために使うことができるのだ。

やるべきときにやるべきことをやる意欲がわかない、ということは、よくある。ひらめかない、気持ちが動かない、体力不足……。原因はさまざまだが、感情に行動を左右されて先延ばしを選んでしまうのは、**「何もしない」「いつも通りを続ける」という選択の方が簡単だからだ**。

この「やる気の問題」を克服して、やるべき行動のために必要な「頭の冴えと意欲」を常に維持できれば、潜在能力をフル活用して目標を達成できるはずだ。

僕の個人的な話を例に説明させてほしい。

人生のほとんどの間、僕は走ることが嫌いだった。「嫌い」は強い言葉なのでめったに使わないが、とにかく僕は、物心ついた頃から走ることが大嫌いで、できる限り避けてきた。高校の体育の授業で1マイル走らされたときの恐ろしさは、鮮明に覚えている。

しかし、２００９年の初め、「モーニングメソッド」を半年ほど続けた後、僕はこんなことを考えた。

「体力の分野の10点満点って、どんな状態だろう？」

僕は、フルマラソン（26・2マイル）を走ることだと思いついた。しかし、ウルトラマラソン（52マイル）を完走した友人が２人いたので、さらにこう考えた。

「彼らにできるなら、僕にもできるかもしれない……！」

１マイル以上の距離を走ったことがないので、52マイルを続けて走るには、精神的にも肉体的にも、これまでの自分よりはるかに進化しなければならない。「ウルトラマラソンを走れるようになる」という見通しは、ある意味ワクワクするものだったが、恐怖でもあった（ほとんどはこっちだ）。

おりしも、僕が理事を務める慈善団体フロントロー基金が、その年の10月にアトランティックシティ・マラソンで、毎年恒例のチャリティ・ランニングを主催することになっていた。

トレーニングできる猶予は半年間だ。そこで僕は、フロントロー基金の資金集めを目的として、ウルトラマラソンのトレーニングを行い、完走するという目標を公に発表した。

そしてすぐに始めたのが、走ることへの抵抗感を克服するためのイメージングだった。

まずは約60秒間、理想的な結果（アトランティックシティ・マラソンのゴールラインを越える）をイメージし、そのときの感情を想像した。

次に（これがポイント！）、理想的な結果に向けて前進するために**「その日に何をする必要があるか」を正確にイメージして、やらない選択肢が考えられないほどメンタルを最高の状態にしてから実行した**のだ。

目を閉じて、リビングのコーヒーテーブルに置かれたiPhoneを思い浮かべた。ディスプレイに午前7時と表示され、ランニングの時間を知らせるアラームが鳴っている。

僕はソファから立ち上がり、寝室に入ってクローゼットで着替える。ランニング用のウエアを着て、リビングに戻って玄関に向かう。ドアを開けて歩道を眺め、確信と熱意を持って、微笑みながら自分にこう言い聞かせる。

「今日はランニングに行くのが楽しみだ。これで最高の自分になれるんだ！」

僕は**一連の行動をイメージしながら、この感情を何度も繰り返し味わって、今日のランニングにワクワクする気持ちを高めていった。**頭の中の想像と生理的反応を一致させるのだ。

このイメージングの成果は、携帯電話のアラームが鳴り、ディスプレイに午前7時が表示されたとき、電話をオフにして「ああ、ランニングは嫌だ。今日はさぼって明日やればいい」と思わなかったことだ。

アラームが鳴ると、その朝にイメージしていたことをほぼ自動的に、ほとんど抵抗なく実行できた。立ち上がってクローゼットに行き、着替えてリビングルームを横切って玄関まで歩き、ドアを開ける。歩道を見た瞬間、ポジティブな感情があふれ出し、頭の中で同じ言葉が浮かんだ。

「今日はランニングに行くのが楽しみだ。これで最高の自分になれるんだ！」

そして、僕は走り出した。

今までずっと嫌悪し、避けてきたことを、突然実行できるようになり、やる気がわいてきたのだ。これがイメージングの力であり、一番の効果だ。

「モーニングメソッド」の6つの習慣はどの順序でも実践できるが、イメージングをアファメーションの直後に行うと、唱えた内容を視覚化できるので、おすすめだ。

アファメーションを唱えた後に、アファメーションに沿って行動する自分をイメージするのが最適な組み合わせだからだ。これを行うための3つのステップについて説明する。

ステップ❶　心構えをする

あらゆる経験に足を踏み入れるときに大切なのが、心構えをすることだ。イメージングはそんなに難しくないが、複雑に考えすぎたり、苦労したりする人もいる。恐れや不安、その他の気持ちの問題によって、成功をイメージすることに不快感があるのが原因だ。

また、目標を追求する自分が他人にどう思われるかを心配したり、家族や友人などの大切な人たちが取り残されたように感じるのではないかと罪悪感にさいなまれる場合もあるだろう。

こんなふうに考えてみよう。あなたが愛する人々に与えることができる最大の贈り物は、**常に自分の可能性を広げる努力をすること**だと。そして、周囲の人たちも同様にするのを助ける能力を得ることなのだと。

恐れや不安、他人にどう思われるかという心配を一旦停止して、可能性に対する心の準備をしよう。

あなたの本当の望みは何だろう？

自分に設けた限界のことは忘れよう。自分で自分を縛る必要はない。**過去に戻って過去**

を変えることはできないが、今からそれ以外のすべてを変えることはできる。

背筋を伸ばして、ラクな姿勢で座ろう。椅子、ソファ、床など、どこでもかまわない。深呼吸をして、目を閉じて心を落ち着かせ、イメージングの準備をしよう。

ステップ❷ 理想の結果をイメージする

叶えたい結果を念頭に置くことから始めよう。達成したい目標は？　実現したい改善点や成果は？

それは、本を書いたり、ビジネスを始めたり、世界を旅したりといった生涯の夢かもしれない。または、10ポンドの減量や結婚生活の改善や収入増といった短期的な目標や、幸せになり恵まれた人生を送るといった長期的な目標でもいいし、逆にパートナーや子どもへの声かけのように、シンプルですぐに実現可能なことでもいい。

望む結果が何であっても、イメージングはそれを現実にするのに役立つ、いわば予行演習だ。**リハーサルをすれば、それを実現する準備が整うのだ。**

やり方は簡単。人生の何らかの分野で自分にとって理想的な結果が何であるかを考えた後、目を閉じて、それを達成したときの様子や気持ちを想像するだけだ。**その瞬間のポジティブな感情を鮮明に思い浮かべよう。**

理想の結果をイメージするときは、できるだけ鮮明に思い描くことがとても大切だ。その光景の細部まで「見て、感じて、聞いて、触って、味わって、嗅いで」みよう。

イメージングの効果を最大限に高めるために、**五感のうち二つ以上の感覚を働かせるのがコツ**。重要なのは、自分が決めた目標を達成している姿を思い描き、**最後までやり遂げて実現したときの気持ちよさを体験すること**だ。

鮮明にイメージすればするほど、リアルに感じられ、実現するために必要な行動をとろうという気持ちが強くなる。

ステップ❸ 必要な行動をイメージする

次のステップは、達成するために何をするかを決めて、その行動を心の中でリハーサルすることだ。

このステップでは、イメージングを使って、理想の人生を得ようとするあなたの前に立ちはだかる最大のハードルを克服する――**気分が乗らなくても、必要なときにやるべきことをやれる自分になる**のだ。

このハードルを克服すると、はっきり言って無敵になれる。

僕たちは、もっとも重要な行動を完遂するのを避けがちだ。理由は、その行動が自分のコンフォートゾーンの外にあるか、重大な結果を伴うことを恐れているか、やらないほうがラクであるかのいずれかだ。

だから、ここではイメージングを使って、行動を起こすためのリハーサルを行う。もっとも重要な行動に「今日」取り組んでいる自分をイメージしながら自分を駆り立てるメンタルをつくる練習をしよう。

目を閉じて、今日やると決めた行動に取り組んでいる自分をイメージする（運動、仕事、リサーチ、執筆、電話、人と前向きに関わる、など）。そのプロセスを楽しんでいる自分を思い描こう。

トレッドミルで走りながら、やり遂げたことへの誇りに満ちて笑顔を浮かべている自分。電話をかけたり、レポートに取り組んだり、ついに腰を上げて長い間先延ばしにしてきたプロジェクトを進めたりしているときの、決意に満ちた表情。家族への声かけを予行演習しながら、愛情や軽やかな気分を味わおう。精神的にも感情的にも最高の状態の自分をイメージしよう。

あなたは今、理想の結果に向かって前進するために、「今日」やるべきことをすべて行っている。

メソッド4　エクササイズ

エクササイズをする時間がとれない人は、病気になる時間を前もってとっておいた方がよさそうだ。

――ロビン・シャーマ

身体を「動かす」といえば、運動ではなく「結論を急ぐ」「友人をこき下ろす」「責任を回避する」「図に乗る」といった動きをする人がほとんどだ。

――作者不明

朝のエクササイズには、無視できないほどのメリットがある。

目覚めた直後の頭のもやを素早く取り除いて注意力を高めてくれるし、頭の冴えと集中力が得られ、1日を通じて高いレベルのエネルギーを維持するのを助けてくれる。起きてすぐに運動をすると、気分が最適化されて、日常のタスクを段違いにうまくこなせるようになるのだ。

たとえ数分でもエクササイズをすると、血液と酸素が体中に循環し、エネルギーと認知機能が大幅に向上し、長く集中できるようになる。エクササイズを後回しにすると、1日を通して生産性にプラスの影響を与えるはずのメリットを受け取るのが遅れてしまうのだ。

その上、空腹時（断食状態）のエクササイズは食後よりも、余分な体脂肪を多く燃焼することが証明されている。ケンブリッジ大学で行われた研究から、次のような結論が導き出されている。

「空腹状態で低〜中程度の有酸素運動を行うと、炭水化物を含む食事を摂取した後に行う運動と比較して、脂肪酸化が促進されやすい」

ただし、僕は朝にジムに行ったり本格的なトレーニングをしたりすることをすすめているわけではない。僕が提案したいのは、朝のエクササイズの効果を活かすために、**数分間身体を動かして心拍数を上げること**だ。

最近僕は、起業家のエベン・ペーガンが、ベストセラー作家のアンソニー・ロビンズにインタビューを受けている映像を見て、心強くなった。

アンソニーはこうたずねた。「エベン、一番の成功の秘訣はなんですか？」

このときのエベンの答えに、僕は嬉しい驚きを感じた。

「毎朝を、個人的成長を目的とするルーティンワークから始めることです。これこそが、成功するためのもっとも重要な鍵なんです」

そして彼は、朝のエクササイズの大切さを語り始めた。「毎朝、心拍数を上げて血流をよくし、肺に酸素を入れることです。エクササイズは日中や1日の終わりに行うだけではダメなんです。たとえそうした時間に行うのが好きでも、最低10分から20分は、朝にジャンピングジャックや有酸素運動を組み込むべきです」

モーニングメソッドを自分仕様にカスタマイズする際には、エクササイズに費やす時間を決める必要があるが、次の章で説明するように、わずか60秒（！）でも朝のエクササイズの効果を得ることができる。

今の段階では、朝のエクササイズに何をするかはあなた次第だ。数分間のジャンピングジャック、ウェイトリフティング、YouTubeのヨガ、外で軽く散歩、ランニング、自転車……。**重要なのは、運動によって血液と酸素を身体と脳に循環させ、最高の状態で思考したり感じたりできるようにすること**だ。

ちなみに僕の場合、もしも残りの人生で1種類のエクササイズしかできないとしたら、迷わずヨガを選ぶ。誤解のないよう言っておくと、僕はヨガの達人ではない。でも、エクササイズとしてのバランスが完璧なのだ。

ヨガを行えば、ストレッチ、筋力強化、カーディオ（心拍数を上げる運動）、呼吸法が一度に行えるうえ、瞑想も兼ねることができる。

ヨガは総合的なエクササイズであり、心・身体・精神に「同時に」恩恵をもたらしてくれる。もしも何をするか決めかねている人がいたら、YouTubeでヨガを検索して試してみるのもおすすめだ。

朝こそエクササイズに最適なワケ

毎日のエクササイズが健康とエネルギーレベルを最適化するのに有益であることは誰もが知っている。なのに、多くの人はエクササイズを先延ばしにしたり、できない言い訳をしたりする。

もっともよくある言い訳は、「時間がない」と「疲れすぎている」だ。

あなたも、いずれかの言い訳をしてエクササイズをやめた経験はないだろうか？

だからこそ、エクササイズはモーニングメソッドの一環として朝に行うのが大切だ。

あなたが疲れてしまう前、1日が忙しくなる前、エクササイズをしない言い訳を思いつく前にやってしまおう。

モーニングメソッドは、運動を毎日の習慣にする確実な方法だ。これによって、1日残らず、身体的・精神的・感情的に最高のパフォーマンスを発揮できるようになる。

※注意……言うまでもないことだが、身体の痛み、不快感、何らかの異常がある場合は、エクササイズを始める前に必ずかかりつけの医師に相談しよう。必要に応じて、エクササイズの内容を変更するなどして、調整してほしい。

メソッド5　リーディング

読書は、身体にとっての「エクササイズ」、魂にとっての「祈り」と同じものを心に与えてくれる。読んだ本が自分自身になるのだ。

——マシュー・ケリー

今日の読書家《リーダー》が、明日の指導者《リーダー》となる。

——マーガレット・フラー

「経験は最高の教師である」。そう言った人は、自身の経験でなければならないのか、それとも他者の経験からも学びが得られるのかを明確にできなかったのかもしれない。

他者の経験も最高の教師であるとすれば、読書は人生のあらゆる分野を「変化・改善・最適化」するために必要な「知識・視点・戦略」を得るにあたって、もっとも即効性のある方法のひとつだろう。

具体的には、あなたが目指す結果を得ている著者によるノンフィクション本を読むことをおすすめする。そうすれば、ゼロから方法を開発する必要はない。

望みを手に入れる最速の道は、すでにそれを手に入れた成功者の真似をすること。どんな分野に関しても、関連書籍はほぼ無限に存在する。

毎日の読書を通じて手に入る知識には限界がないのだ。

短時間でも1年続ければ18冊読める

この後の二つの章では、「6つの習慣」の時間配分について詳しく検討するが、僕のおすすめは、モーニングメソッド中の少なくとも10分は読書に充てることだ。もっと長くてもかまわない。僕個人は、モーニングメソッドの間の20分を読書に充てている（加えて寝る前に10~20分の読書をする）。

少しの読書を毎日することで、人生に大きな影響を与える。簡単な計算をしてみよう。

読む速度は人によって異なるが、平均的な読者は1分間に約300語を読むことができる。ほとんどの統計で、1ページには約300語が含まれるため、平均して1ページを読むのに約1分、遅いペースで読む場合は2分かかる。したがって、10分間の読書では、平均して5~10ページ読むことになる。

これを数値化すると、1日に10ページ読むだけで、**1年平均3650ページとなり、200ページの本を18冊読むことができる。**

さて、あなたに質問。これからの12か月で18冊の本を読んだら、もっと知識と能力と自信が身について、進化した新しい自分になれると思わないか?

答えはもちろんイエスだ!

ここからは、リーディングの効果を最大限に高めるためのポイントを二つあげよう。

本に印をつける

本書を読むにあたって、冒頭でアドバイスしたように、線を引いたり、丸で囲んだり、色をつけたり、ページの角を折ったり、余白にメモを書いたりしているだろうか。

僕の場合、読んだ本を最大限に活用するために、読み返したくなりそうな箇所に印をつけ、印をつけた理由を余白にメモしている。

本に印をつけることで、最初から最後まで読み返さなくても、いつでもその本のポイントに立ち戻り、大切な学びや考え方などの恩恵を受けることができる。

内容をマスターするために再読する

優れた本は何度も再読することを強くおすすめする。一度読んだだけでその本のすべてを吸収するのはなかなか難しい。

一回目の読書では、本に書かれたアイデアに触れるだけになるし、習得するためには反復が必要だ。思想や戦略やテクニックに繰り返し触れることで、エッセンスが潜在意識に植えつけられる。

僕の場合、大きな影響を与えられたと思われる本については、一度読み終えたらすぐに再読する（少なくとも印をつけた箇所を読む）ようにしている。僕の本棚には「再読」する本のスペースが設けてあり、1年を通じてしょっちゅう活用している。

もちろん新しい本を読むほうが楽しいため、再読にはある程度の意志力が必要かもしれない。繰り返しは退屈でつまらないこともある。

ただ、これが原因で何かを「会得」できる人は少ない。**だからこそ、やるべきなのだ。**おまけに、自己管理能力を高める訓練にもなる。

まずは本書から始めてみてほしい。読み終わったらすぐに再読することで、学びが深くなり、モーニングメソッドの習得に使える時間が増えるはずだ。

メソッド6　ライティング

文章をつむぐこと、ページに文字を書くことは、コストのかからないセラピーである。
——ダイアナ・ラーブ

着想は、いつでもどこでも降りてくる。問題は、心のメモ書きではインクが急速にあせてしまうことだ。
——ロルフ・スミス

最後のメソッドは「書く」こと。

僕のお気に入りの「ライティング」は、日記をつけることだ。モーニングメソッドの時間に5~10分使って毎朝日記を書いている。**思考を頭から取り出して文字にすることで、**

ひらめきが起こる。また、瞬間的なひらめきやアイデア、気づきや教訓のほかにも、現在の目標達成度などを記録でき、訪れたチャンスや毎朝のルーティンの成長具合などを書き留めておくこともできる。

僕自身、日記をつけることの効果については何年も前から知っていたし、何度か挑戦したが、どうしても毎日のルーティンとして続けられずにいた。

寝る前に書こうと決めてベッドの脇に日記帳を置いていたのに、深夜に帰宅すると、10回のうち9回は、「疲れていて書けない」という言い訳をして、日記はほとんど白紙のままだった。

本棚には「ほぼ白紙の日記帳」が何冊も並んでいるのに、節目になると新しい日記帳を——たいていは高価な一冊を——購入し、お金をかけたのだから続けなれば、と自分にはっぱをかけた。

が、残念なことに、このささやかな戦略は功を奏することなく、何年もの間、さらに高価な空白の日記帳が増えていくばかりだった。

でも、それはモーニングメソッド以前の話だ。モーニングメソッドで毎日書き続ける時間をつくり、仕組みを整えて、第1日目に書いてから、それはたちまち大好きな習慣になった。

今では、日記を書くことが、何よりも感謝に満ち、充実した行為だと断言できる。思考を文字に起こすことで意識的に考えを方向づけて記録し、あとで読み返すことで、有意義な経験を追体験してさらに深い洞察を得ることができる。

理想と現実のギャップを力にする方法

この章の冒頭で、「6つの習慣」を使って潜在的なギャップを埋める方法について説明した。人は誰でも「理想と現実のギャップ」を意識するものだ。「現実の人生」と「手に入れたい人生」。「過去に達成してきた業績」と「未来に達成したいこと」。「今の自分」と「理想の自分」。

ギャップに意識を向けることの問題点は、自尊心や自己イメージを傷つけたり、「自分は足りない」「十分な成果を上げていない」「満点ではない」、あるいは「『理想』に比べて劣っている」と感じてしまうことだ。優秀な人ほどこの傾向が強く、自分を過小評価したり、あらゆる間違いや不完全な部分で自分を責めたりして、今の自分に決して満足しない。

とはいえ、皮肉なことに、ギャップに意識を向けることが、優秀な人を優秀な人たらしめる大きな理由でもある。「ギャップを埋めたい」という飽くなき欲求が、高みを追求する原動力となり、意欲をかきたてることにもなる。

つまり、**「欠如感」からではなく「潜在能力を存分に引き出したい」という前向きな姿勢で「ギャップを意識する」場合には、健康的かつ生産的な原動力となる。**

残念なのは、そういったケースがまれであることだ。平均的な人間はもちろん、それなりに成功している人でさえ、ギャップを否定的に意識する傾向がある。

最高の結果を出せる人――バランスがとれていて、人生のほぼすべての分野で10点満点の成功を達成することに意識を向けている人――は、自分が持っているものに心から感謝し、それと同時に達成した内容を定期的に振り返り、さらなる高みを目指して努力をする。

一見すると、矛盾して見えるかもしれないが、このように考えているのだ。

「私は現時点で最善を尽くしていると同時に、もっとうまくできるし、そうするつもりだ」

このバランスの取れた自己評価によって、欠乏感（十分ではない、持っていない、全部やれていないという考え）を防ぎながら、ギャップを埋めるために絶えず努力することができるのだ。

欠乏感からギャップを見ていると、1日、1週間、1か月、1年を終えたときに、自己評価や自分の進捗状況について正しい評価を持つのはほぼ不可能だ。1日に10項目の「やることリスト」があるとして、たとえその6項目を完了していたとしても、「やりたいことをすべてできなかった」という気分が優勢になってしまう。

1日に何十個、何百個の正解を出し、**間違いはほんの数個であっても、後から思い出して心の中で再生するのは……たいていはネガティブなことだ。**本当なら、正解した何百個に意識を向けるほうが理にかなっているし、そのほうが間違いなく楽しい時間になるのに。

そこで日記を書くことが役に立つ。

毎日、構成を決めて戦略的に日記を書くことで、あなたの意識が「自分が達成したこと」「感謝していること」「明日もっと良い結果を出すためにすべきこと」へと導かれる。

これにより、毎日の冒険をより深く楽しむことができ、自分の進歩を喜ぶことができ、より速く結果を出せるような頭の冴えが得られるのだ。

日記を読み返すことで、成長を実感できる

モーニングメソッドを実践して、毎日日記を書き始めた最初の1年が過ぎたあと、僕は日記の効果を絶大にする方法を発見した——日記の振り返りだ。僕は年末に、その年に書いた日記をすべて読み返した。

1日ずつ1年を振り返り、思い出し、追体験することで、日ごとの精神状態を再確認し、1年間の自分の成長を客観的に見つめるのだ。

自分の行動や活動、進歩を振り返ることで、12か月でここまで達成できたことに新たな感謝の気持ちがこみ上げてきた。何より大切なのは、自分が学んだ教訓（その多くはすでに忘却の彼方だった）を思い出せたことだ。

感謝2・0

密度が濃くて多重的な「感謝の気持ち」に触れたのも、新たな発見だった。こんな経験は初めてだったが、同時に二種類の感謝を体験したのだ。名づけて「バック・トゥ・ザ・フューチャー」的瞬間だ。

日記を読み返すということは、現在の自分（日記を書いていた頃から見て「未来の自分」）が、この1年を通じて出会った素晴らしい人や経験や教訓や達成を振り返ることになる。

そして、過去に感じた「感謝の瞬間」を追体験しながら、同時に今この瞬間にも「あの頃からよくぞここまで」としみじみ感謝できる。ちょっと不思議だが、格別の体験だった。

成長が加速する

また、僕のさらなるおすすめは、日記を見直すことで得られる最大の価値、つまり「成長の加速」を利用することだ。やり方は簡単。白紙を1枚取り出し、真ん中に線を引いて、上部に「学んだ教訓」と「新しい取り組み」という二つの見出しを書き入れる。

自分の日記を読み進めていくと、何十もの貴重な教訓を思い出すはずだ。そこで「学んだ教訓」を確認し、その教訓を実践に移すための「新しい取り組み」を決めるのだ。

このプロセスは、他の何よりも僕の個人的な成長と発展に影響を与えたように思う。僕自身の進歩の多くは、これを実行したおかげと言えそうだ。

「8章：モーニングメソッドをライフスタイルに合わせる」では、「モーニングメソッド」をあなた好みにアレンジする方法をお伝えするが、今のところは、一般的な（60分間の）ルーティン例を紹介する。

- サイレンス（10分）
- アファメーション（10分）
- イメージング（5分）

▼エクササイズ（10分）
▼リーディング（20分）
▼ライティング（5分）

「6つの習慣」を行う順序は調整可能だ。たとえば、最初にエクササイズを行って、血の巡りを良くして頭の冴えを良くしたいという人もいる。また、メソッドの間は汗をかかないように、最後にしたいという人もいるだろう。

僕個人は、ゆっくりと目覚め、頭をすっきりさせ、その日の精神状態と感情を最適化できるように、穏やかで目的のある沈黙の時間をとることから始めるのが好みだ。

あなたも、「6つの習慣」を実践してみてほしい。それぞれのメソッドに慣れておくことで、快適なスタートが切れるからだ。

「でも、時間がない……」という人も、心配無用だ。僕がお手伝いする。次の章では、1日わずか6分で、モーニングメソッドの6つの習慣すべてを実践して最大限のメリットを得る方法をお伝えする。

7章

6分間で結果を出す短縮版モーニングメソッド

人は誰でも幸せになりたい。そして何が自分を幸せにするかを知っている。なのに、そのための行動を起こさない。どうしてか？　答えはシンプルだ。僕たちは忙しすぎるのだ。忙しすぎて何ができない？　忙しすぎて、幸せになる努力ができないのだ。

——マシュー・ケリー

私には、早起きをする時間がない。

——作者不明

「時間がない」と思っている人は、あなただけではない。僕もそうだった。モーニングメソッドの実践にあたり、一番多い懸念事項は、「すでに忙しい生活に何かを追加する」ことへの不安だ。

ところが。

モーニングメソッドを生活に追加すると、慌ただしさがなくなる。心が穏やかになり、集中力がアップし、生産性が上がり、人生のいかなる出来事にも対処できる能力が身につくからだ。

それでも、モーニングメソッドに30分から60分をまるまる割けない朝は、誰にでも必ずある。そういった場合、多くの人は「オール・オア・ナッシング：全部できないならやらない」という思考回路になりがちだ。僕も初めの頃は、まさにそのように考えていて、必要な1時間がとれないときには、すっかりパスしていたのだ。

でも、これは理想的ではないと気がついた。**成長につながる内容であれば、何もしないよりは少しでも行ったほうが良いに決まっている。**

それで、早朝の予定がある日の朝、僕は着替えたあとに家を出るまで15分しかないときに、ふとひらめいた。「メソッドに1分ずつ取り組んだらどうだろう？」

ソファに座り、携帯電話のタイマーをセットして、僕は初めての「6分間のモーニングメソッド」を始めた。想像してほしい。毎朝の最初の6分間が次のように始まるとしたらどうだろう？

1分 サイレンス

ストレスと悩みごとで頭がいっぱいのまま慌ただしい1日に突入するのではなく、最初の1分間は静かに座り、穏やかに「目的のある沈黙」を楽しむ。

座って、ゆっくりと深呼吸をする。誰にも、何にも邪魔をされない時間だ。その瞬間への感謝をつぶやいたり、物事の順調な運びを求めて祈ってもいいし、1分間の瞑想を行ってもいい。静かに座り、今この瞬間に完全に意識を集中する。

心を鎮め、身体をリラックスさせ、すべてのストレスがとけて流れるのを感じる。

2分 アファメーション

作成したモーニングメソッド式アファメーションを取り出す。そこには、あなたが人生で実現しようとしている改善点、それが重要である理由、そのためにとるべき行動が、明確に書かれている。アファメーションを最初から最後まで声に出して読もう。人生でもっとも大切にしていることに意識を向けると、日々アファメーションを現実に変えていることに気づくだろう。1日を有意義にしようという意欲が高まるはずだ。

3分 イメージング

目を閉じて、「目標を達成するために今日すべきこと」をイメージ。今日1日が完璧に進むことを思い描こう。仕事を楽しんでいる自分。愛する人たちと笑顔で笑いあっている自分。今日の予定をラクラクと終わらせる自分。そのときの光景と感情、自分が生み出す喜びを体感しよう。同時に、最高の感情の状態を予行演習する。最高の気分と最高の光景を「見て、感じる」ことで、自分の能力の高さを思い出し、自信を新たにすることができる。

4分 リーディング

読みたい本を手に取り、1分間で、何か人生に役立つことを学習する。物事の新しい視点を学ぶかもしれないし、仕事や人間関係における成果につながる具体的な学びがあるかもしれない。人生を向上させる知識を得ることで、自信が持てるようになる。

5分 ライティング

人生で感謝していることを一つ書き出し、数秒間手を胸に当てて深い感謝の気持ちを感じよう。残り時間で、今日の最優先事項を書き留める。生産性を高めて「10点満点」に向けて確実に前進するためだ。わずか60秒のライティングで、1日の心の幸福と生産性を高めることができる。

6分　エクササイズ

最後に、立ち上がって60秒間身体を動かそう。その場で足踏みをしてもいいし、1分間のジャンピングジャック、腕立て伏せや腹筋運動をしても。汗をかかなくてもいい。大切なのは、心拍数を上げて、エネルギーを生成し、脳への血液と酸素の流れを増やし、注意力と集中力を高めることだ。

1日の最初の6分間を、毎日こんなふうに活用できたらどうだろう。**わずか6分間で、1日のクオリティが……ひいては人生がレベルアップするとしたら？**

モーニングメソッドを毎日6分のみで行うのは推奨しない。もっと多くの時間を費やせば（理想的には30〜60分）、効果は確実に深まる。しかし、時間に追われている日には、6分間のモーニングメソッドが身体・精神・感情を最適にしてくれる。

6分間のモーニングメソッドは**「時間がとれない」という言い訳を排除してくれる。**継続することは、新しい習慣を身につける上でとても大切だ。

8章

モーニングメソッドをライフスタイルに合わせる

ここまでの章で、モーニングメソッドの具体的な内容について説明してきた。モーニングメソッドは、いろいろな形でカスタマイズが可能だ。起床時間、メソッドの実行時間、実践する内容、それぞれに費やす時間、順序まで、すべてあなたの好きにできる。

この章では、これをうまく機能させるためのアイデアと戦略をいくつか紹介する。また、朝食のとり方や、あなたの目標や夢に合わせたモーニングメソッドの組み立て方、週末の過ごし方や先延ばしを克服するヒントにくわえ、実際のさまざまなモーニングメソッドの実例も紹介する。

在宅勤務で子育て中の人、起業家、夜勤がある人、高校生や大学生など、独自のスケジュールや優先事項、ライフスタイルに合わせた実践法は、大いに参考になるだろう。

「起床後すぐ」が重要なワケ

モーニングメソッドは必ずしも「朝」に実践しなくてもいい。

早起きして朝日を感じながらメソッドをすれば、積極的に1日を始めることができるのは、これまで説明してきたとおりだ。

しかし、スケジュールやライフスタイルの関係上、朝の実践が無理という人もいるはずだ。深夜勤務で日中に睡眠をとる人と、毎晩午後9時までに就寝する人とでは、明らかに起床時間が異なる。

人によってスケジュールは異なる。だから、モーニングメソッドの本質は、**予定より少し早く起きて、1日の始まりを自分を成長させる時間に充てること**だと覚えておこう。

大型トラックの運転手や病院で午後10時から午前6時まで働き、午後2時まで睡眠をとる人の場合、モーニングメソッドは午後1時半に始まるかもしれない。

重要なのは、「6つの習慣」で1日を始めることだ。そうすれば何時であろうとも、心も身体も最高の状態で1日を始めることができる。

いつ呼び出されるかわからない医師や看護師、乳幼児の親など、予測不可能な、または一貫性のないスケジュールの人もいるだろう。もしもあなたがそうで、「自分には合わない」と感じている場合も、どうか僕に手伝わせてほしい。時代を超えて実証されてきた自己啓発の6つのメソッドの効果は、朝だけに限られないのだ。

たとえば、モーニングメソッドを実践し、SNSなどでシェアしてくれる新米ママさんたちが、赤ちゃんが昼寝中に「6つの習慣」を一つまたは二つずつ実践している、という投稿を読んだことがある。

また、ニューヨーク市のシフト勤務者たちは、地下鉄に乗って通勤中にモーニングメソッドを終えてしまうと書いていた。

重要なのは、やり遂げる方法を見つけることだ。そして熱意があれば、必ず方法はある。モーニングメソッドで1日を始めるのが理想的かもしれないが、大切なのは「6つの習慣」を1日の終わりまでにやり遂げるよう全力を尽くすことだ。時間や順序や長さに関係なく、毎日実践することで、あなたは継続的に成長し、理想の人生を叶える人間になるのだ。

週末のモーニングメソッドで休日も充実する

土曜日に早起きをすると、リラックスした精神状態で用事にとりかかろうと思えます。平日の時間のプレッシャーが週末にはないから。週末に誰よりも早起きができたら、その日1日の計画や、やるべき用事が、ゆったりした気分でできます。

――オプラ・ウィンフリー

僕もオプラの意見に大いに賛成だ。

モーニングメソッドを発案した当時は、月から金まで実践して週末は休んでいた。

しかし、モーニングメソッドを実践する日は必ず気分がよくて充実度と生産性が上がり、寝坊した週末は必ず無気力で集中力と生産性に欠けると気づくのに、時間はかからなかった。

あなたも自分で実験してみればいい。僕がやったように、モーニングメソッドを平日に実践し、週末は休む。土曜日と日曜日、寝坊した朝の気分を感じ、その後の予定がどのように進行したかを確かめる。

多くの人は、毎日実践するほうが調子がよいと感じるだろう。**むしろ週末のほうが気分よくできると思うかもしれない。**

朝食は軽いほどいい

ここまで読んでくださった方の中には、朝食についての疑問が頭をもたげた人もいるだろう。モーニングメソッドを実践するにあたり、「いつ」食べるかよりも、さらに重要なのが「何を」食べるか。そしてもっと重要なのは、「なぜ」その食べ物を選ぶかである。

心に留めておいてほしいのは、食べ物を消化することは、身体にとって大きな負担がかかるということ。食事の量が多いほど、身体に負担が増えて倦怠感が増す。食後は血流が消化器官に集まるので、ぼーっとしやすくなる。脳に血液を送り、モーニングメソッドを最適な注意力と集中力で実践するためにも、**食事はモーニングメソッドの後にとることをおすすめする。**

どうしても朝一番に食べたい人は、フルーツやスムージーなど、消化しやすい軽い食事をとるようにしよう。脳にエネルギーを与える健康的な脂肪を含めるのが理想的だ（これについては後で詳しく説明する）。

自分の食事内容を吟味する

自分が選んだ食べ物について、「なぜ」それを選んだのか、しっかりと考えてみよう。スーパーで買い物をするとき、レストランでメニューを選ぶとき、自分の身体に取り込む食べ物を、どんな基準で選んでいるだろうか。味だけが理由？　食感？　手軽さ？　健康的かどうか？　エネルギーを得るため？　食事制限がある？

ほとんどの人は、「味」を主な理由に食べ物を選んでいる。掘り下げて言うと、味の好みは感情的な愛着によるものだ。「どうしてそのアイスクリームを食べるの？」「なぜソーダを選んだの？」「なぜスーパーでフライドチキンを買ってきたの？」とたずねると、たいていの場合、返事は「うーむ、アイスが大好きだから」「ソーダが飲みたいから」「フライドチキンの気分だから」となる。

食べ物の味によって引き出される「感情的な喜び」が回答になっているのだ。これでは、健康上の利点や得られるエネルギー量は考慮されていない。

しかし、健康的に生きたいと思うなら、口に入れる食べ物についての「なぜ」を再考すべきなのだ。

食べ物を選ぶ基準として、**味だけではなく健康的効能やエネルギー摂取の観点を重要視することを始めよう**。もちろん健康のために味を我慢するわけじゃない。味と健康を両立できる食べ物もあるはずだ。

エネルギーにあふれた毎日を送りたい、パフォーマンスを最大限に発揮して健康で長生きしたいと望むなら、美味しくて健康によく、エネルギー維持に役立つ食品を選ぶべきだ。

朝一番に口にするもの

「起きたい気分」になる5つのステップの「ステップ4」にも書いた通り、朝一番に口にするのはコップ1杯の水を飲むことだ（107ページを参照）。一晩寝た後に水分補給することで、元気を取り戻すことができる。また、岩塩とレモン汁を少し加えるとさらに効果がアップすることも書いた。岩塩はカリウムとナトリウムのバランスをとるのに役立つ。レモン汁は身体をアルカリ性にするのを助ける。

コップ1杯の水を飲んだ後に僕が最初に口にするのは、大さじ1杯の有機ココナッツオイルだ。これによって、1日の始まりに脳にエネルギーが供給された状態でモーニングメソッドに取り組むことができる。

午前7時30分頃、子どもたちを学校に送り出す準備をする妻を手伝いながら、僕は低糖で栄養豊富な「モーニングメソッド特製スムージー」をつくっている。

健康的な脂肪を含むナッツや免疫力を高める有機のフルーツや野菜、それに抹茶やプロテインを入れてつくるのが基本だが、材料はときによって変えて楽しんでいる。最新のレシピはMiracleMorning.com/resourcesを参照してほしい。

人は食べたものでできている。身体を大切にすれば、身体があなたを守ってくれる。

ここでおすすめしたいのが、「80対20のルール」だ。つまり、**食べ物の80パーセントが健康的であれば、残りの20パーセントは少し贅沢してもかまわないということ**。

僕の実践例を紹介すると、起きてから10〜12時間はオーガニックの植物性食品を摂取している（朝食はスムージー、昼食はサラダ、合間のおやつはオーガニックのナッツ）。これにより、身体と脳にたっぷりとエネルギーが供給される。

夕食には、牧草飼育の鶏肉や牛肉、天然の魚などの高品質のたんぱく質を少量と、オーガニック野菜を一皿食べる。「昼はビーガン（菜食主義）、夜はパレオ（狩猟採集生活の食事）」と考えている。

「6つの習慣」を使ってあなたの夢と目標を叶えよう

ほとんどの人は、達成したい目標や、自分を変えていきたいという願望を持っているものだが、モーニングメソッドはとりわけ、起業や本の執筆など、これまで先延ばしにしていた、または時間をかけられなかった目標に効果的だ。6つの習慣は、目標に意識を集中し、着実に前進するための能力を間違いなく向上させる。

たとえば、〈サイレンス〉の時間を使って、目標について深く考え、達成するのに役立つメンタルと感情を実際に体感する。

〈アファメーション〉を作成するときには、先ほど紹介した「結果重視」の手順を忘れずに、もっとも重要な目標と夢を組み込もう。そうすることで、頭の冴えとやり抜く力が継続的に強化できる。毎日〈アファメーション〉を声に出して読むことで、最優先事項と、それを達成するために必要な行動への集中力が高まる。

〈イメージング〉を行うときは、目標を達成するプロセスを軽々と楽しんでいる自分を想像し（僕がウルトラマラソンのトレーニング中にやったように）、「達成したらどうなるか」をはっきりとイメージしよう。〈イメージング〉の最中には、最適な感情をキープするのを忘れないこと。そうすれば、〈アファメーション〉で宣言した行動をとりやすくなる。イメージが鮮明で説得力があるほど、毎日目標に向かって必要なステップを踏むモチベーションが高まる。

〈エクササイズ〉はあなたの目標と直接関係がないかもしれないが（目標がフィットネス関連でない限り）、運動中に、目標に関連するポッドキャストやオーディオブックを聴くことはできる。僕の友人は、自分のアファメーションを録音して、トレッドミルで走りながら聞いている。

〈リーディング〉で読む本や記事を選ぶときは、目標達成のスピードを速めるのに役立つ、目標に沿ったものを選択しよう。テーマを決めてしっかり情報を得ることで、成功の可能性が必然的に高まるはずだ。

最後に〈ライティング〉は、あなたが目標に完全に没頭できる時間だ。目標達成のためのさまざまな方法をブレインストーミングできるし、最優先事項を言語化できる。自分が成し遂げた進歩を認めることもできるし、努力を振り返り、アプローチの調整が必要な領域を特定することもできる。

結婚生活の改善、収入の増加、減量、ガンの克服、ブログの開始、転職、起業……その他あなたの目標が何であっても、毎日のモーニングメソッドのルーティンが、あなたが日々ベストを尽くして目標を達成するのを助けてくれるだろう。

モーニングメソッドは定期的に更新するほうがいい

僕は、過去15年間でおよそ4500回モーニングメソッドを実践した。そして回数を重ねるたびに、僕のモーニングメソッドは進化している。今も毎日実践し、6つの習慣の効果を体験したいという気持ちがなくなる理由は見当たらない。

ただし、退屈になって飽きないように、モーニングメソッドの内容に変化をつけ、バラエティを持たせることは必要だ。

たとえば、〈エクササイズ〉の内容を「毎月」変えるのはどうだろう。〈サイレンス〉では瞑想のスタイルを変えるために、さまざまな誘導瞑想や個人瞑想を試すこともできる。〈アファメーション〉についても、学び、成長し、意識を高め続けるなかで、自分がなりつつある人物や現在の目標を反映する内容に更新する必要がある。〈リーディング〉では1冊読み終えるたびに読む本が変わり、楽しみが新たに増えるだろう。

また、その日のスケジュールや状況、優先事項の変化に合わせて、メソッドを臨機応変に調整することもできる。僕の場合、講演会やセミナーを控えているときは、〈イメージング〉の時間に発表の練習やリハーサルを入れることもある。

出張中やホテルに滞在するときも、適宜メソッドを調整する。たとえば、夜遅くに基調講演や会議のワークショップを行う予定のときは、起床時間と開始時間を少し遅らせる。

この本の執筆中（現時点での一番の目標）は、本の完成に意識を集中して6つの習慣を実践した。

このように、モーニングメソッドは、いつでもあなたのライフスタイルに合わせて調整やカスタマイズができ、進化させることができる。

ほとんどの人は、生活に変化を求めている。だからモーニングメソッドを新鮮に感じられるように更新し続けることが重要なのだ。

かつて僕は、メンターのジェシー・レヴィンに、営業の仕事が単調で退屈になってきた、と不満を漏らしたことがある。すると彼はこう言った。

「退屈なのは誰のせい？　再び楽しくするのは誰の責任？」

これは、僕が決して忘れることのない、責任についての貴重な教訓だ。

日々のルーティンであれ、人間関係であれ、積極的に、自分の望む形を維持しつづけるのは、僕たちの責任なのだ。

9章

新しい習慣を定着させる方法

成功者は最初からそのように生まれついたのではない。成功しない人が嫌がる習慣を身につけることに成功したのだ。成功者は必ずしも好きでやっているわけではない。とにかくやるのだ。

——ドン・マーキス

やる気が、あなたをスタート地点に連れてくる。習慣が、あなたを走らせ続ける。

——ジム・ローン

人生のクオリティは、習慣のクオリティによって決まる。

幸福で健康で成功した人生を送っている人は、幸福と健康と成功につながる行動を理解し、それを続ける習慣を身につけている。

「習慣が人生をつくる」。だとしたら、習慣をコントロールする術を習得することが非常に重要だ。

自分の理想の人生は、どんな習慣を必要としているだろう？　あなたはそれを自分で探し、選び、定着させなければならない。同時に、あなたの潜在能力を開花させるのを妨げている「悪い習慣」を手放す術を学ぶべきだ。

残念なことに、ほとんどの人はポジティブな習慣を身につけて維持する方法を教わったことがない。学校に「習慣をマスターする」という授業はないからだ。もしもあれば、他のどんな授業よりも人生の質の向上と成功に役に立つはずなのだが。そのせいで、大人になったときに悪い習慣を多く身につけてしまっているだけではなく、年を重ねるにつれてその習慣が増大する傾向があるのはあなたも知っての通りだ。

ありがたいことに、習慣という重要なテーマに関する記事や書籍は数えきれないほど存在する。

▼ジェームズ・クリアーのベストセラー著書『ジェームズ・クリアー式 複利で伸びる1つの習慣』（パンローリング株式会社）

▼BJ・フォッグ著『習慣超大全——スタンフォード行動デザイン研究所の自分を変える

方法』（ダイヤモンド社）

- ブレンドン・バーチャード著『世界3万人のハイパフォーマー分析でわかった　成功し続ける人の6つの習慣』（ディスカヴァー・トゥエンティワン）
- S・J・スコット著『Habit Stacking　人生を大きく変える小さな行動習慣』（日本実業出版社）

などがそうだ。

習慣をマスターする方法を学んでいないがために、ほとんどの人は、習慣をコントロールしようとしては失敗を繰り返す。たとえば「新年の誓い」がそうである。

新年の誓いが必ず挫折する理由

毎年、何百万人もの人が真剣に「今年はこうしたい」と新年の誓いを立てるが、実際に守り続ける人はほとんどいない。

エクサイズや早起きといった「良い習慣」を身につける、喫煙やファストフードのような「悪い習慣」をやめる、といったシンプルな誓いを、ほとんどの人が1月が終わらないうちにあきらめてしまう。

1月の最初の週にスポーツジムに行くと、やたらと混んでいて、駐車場を見つけるのが大変だった、という経験はないだろうか。

やる気に満ちた人々が、減量やスタイル向上といった「誓い」を胸に、ジムに押し寄せるからだ。

しかし1月の終わりになると、駐車場の半分が空いている。

新しい習慣を身につける確実な戦略がないと、ほとんどの人は失敗を繰り返すばかりだ。**新しい習慣を身につけることに失敗する主な理由は、ゴールだけでなくプロセスについて計画がないこと、そして勝算のある戦略がないことだ。**

新しい習慣を会得するのにかかる時間

新しい習慣を身につけ、古い習慣を人生から追い出すのにかかる時間については、諸説ある。一回の催眠療法ですむ、3か月かかるなど、書籍や記事や専門家によってさまざまだろう。

マックスウェル・マルツ博士による有名な説に、「新しい習慣を確立するには21日かかる」というものがある。

マルツ博士は、手足を失った人がその状態に慣れるのに平均して21日かかることを発見した。そこから得たのが**「人間は人生の大きな変化に適応するのに21日を要する」**という主張だ。

ただし、習慣をごく自然に行えるようになるまでの期間は、習慣の難易度によって違うと言う人もいるだろう。

自分の経験と、僕の何百人ものコーチングのクライアントや何千人ものモーニングメソッドの実践者の結果から導き出した結論としては、**正しい戦略さえ持っていれば、どんな習慣でも30日間で身につけることができる**と僕は考えている。

問題は、ほとんどの人が「正しい」も何も、そもそも「戦略」を持っていないことにある。だから何度も失敗し、その経験が積み重なって、自信を喪失してしまう。だったら、何かを変えなければならない。

自分の習慣を自由に操るためには、どうすればよいのか。自分の人生と将来を完全にコントロールする方法は？　持つべき良い習慣を突き止め、身につけ、同時に悪い習慣を永久追放するには？

これからあなたに「正しい戦略」をお伝えする。これを知っている人は、わずか一握りしかいない。

3段階30日間でどんなことも習慣化できる

人は、先が予想できず、メンタルの準備ができていないと、たやすく失敗してしまう。それを解決するのが、この戦略だ。

まずは、前向きな良い習慣を定着させる、または悪い習慣をやめるのに必要とされる**30日間を、10日間ずつ三分割する。**

なぜなら、各段階で新しい習慣を定着させるにあたっての「感情的な壁」が発生するからだ。

普通の人は、こういった関門や障害が段階的に発生すること自体に気づかないため、そういったものが立ちはだかると、不快になり、克服する術がわからずにあきらめてしまう。

でも、先が見えていれば、グッと克服しやすくなるはずだ。

第一段階　耐えがたい期間

新しい習慣をとり入れる、または古い習慣をやめるための最初の10日間の壁は、「耐えがたい」気分になることだ。

2、3日はラクにできてワクワクするかもしれないが、それは**「新しいことを始めるときの高揚感」**であって、新鮮味がなくなったとたんに現実が戻ってくる。ああイヤだ。辛い。もう楽しめない。心が拒絶して「もうイヤだ」と思うと同時に身体のあらゆるパーツが変化に抵抗する。「この感覚は好きじゃない」

ほとんどの人の問題点は、この10日間の「耐えがたい気分」が一時的なものだと知らないことだ。

新しい習慣をとり入れるには、永遠にこの辛さに耐えなくてはいけないと思い込み、「こんなに辛いなら、やめておこう。そんな価値はない」と自分に言い聞かせる。その結果、多くの人が、繰り返し失敗する。エクササイズ、禁煙、減量、予算内の買い物など、人生のクオリティを上げるはずの新しい習慣を始められずにいるのだ。

しかしあなたには、他の人にはない強みがある。最初の10日間に備えることができるという強みだ。

今の苦しみは、最初の10日間だけの一時的なものだと知れば、逆境に打ち勝つことが少しはラクになるのではないだろうか。

得られるものが大きければ、10日間ぐらい頑張れる。そうだろう?

新しい習慣を取り入れる最初の10日間は、実際ラクではない。いわば戦いだ。何度もイヤになるかもしれない。

でも、絶対にできる。だんだんラクになるのは確実だし、その報酬として、人生に望むすべてを叶える能力が手に入るのだと考えてほしい。

第二段階　不快な期間

もっとも厳しい最初の10日間をくぐり抜けると、第二段階の10日間が始まる。

最初の10日間に比べて今回はかなりラクになる。あなたは新しい習慣になじんでいくだろう。いくらかの自信がつき、習慣から得られる恩恵をイメージできるようになるはずだ。

とはいえ、二度目の10日間（11日目から20日目）は、「耐えられない」ほどではないが、やはり不快であり、自制心や意志力も必要だ。この段階でもまだ、古い習慣に引きずり戻されそうになる。

たとえば早起きを新しい習慣にする場合、長く続けてきた朝寝坊の習慣に逆戻りするのは本当に簡単なことだ。

だから、ここが頑張りどころ。あなたはすでに「耐えがたい」状態から「不快な」状態に移行している。次の「止まらなくなる」状態へのレベルアップはすぐそこまで来ている。

◎第三段階　止まらなくなる期間

最後の10日間は、いわばゴール直前の直線コースだ。しかし、ここにたどりつけた少数の人のほとんどが、致命的なミスを犯す。多くの専門家が提唱する「21日かければ習慣が形成できる」という通説を信じ込んでしまうことだ。

専門家の意見は、完全な間違いではない。21日、つまり第二段階を終えたときに、新しい習慣が形成されるというのは、ある意味では正しい。

しかし、第三段階の10日間は、新しい習慣を長期的に「維持」するために必要になる。**最後の10日間で、新しく身につけた習慣を人生に定着させ、楽しく行えるように潜在意識に覚え込ませる**のだ。

最初の20日間では、程度こそ違えど、新しい習慣は「辛くて不快なもの」と捉えていたはずだ。

だが、最後の10日間は違う。ここまでやってこられた自分に誇りを感じ始めるのが、この10日間。本物の変化が起こるのが、この第三段階だ。

新しい習慣が、あなたのアイデンティティの一部になる。「やろうとしていたこと」が「やっている」へと変化する。あなたはここで、習慣が自分の一部になりつつあるのを目の当たりにすることだろう。

すでにあなたは「私は朝に弱い」ではなく「私は朝型人間です」と宣言できるアイデンティティを持っている。朝、目覚まし時計の音にうんざりするのではなく、アラームが鳴ると同時にワクワクした気持ちで目を覚まして朝のメソッドを始める。20日間以上続けてきたおかげだ。

ただ、ここで自信過剰になって「20日間続けてきたのだから2、3日休んでも大丈夫」と思ってしまう人は多いが、習慣を強化して定着させるための期間は非常に大切だ。**この段階で数日休んでしまうと、再開することはほとんど不可能になってしまう。**

21～30日は、飛躍的な効果を実感しはじめ、習慣を本当の意味で楽しめるようにするための定着期間であり、そうすることで、将来にわたって長く持続させられるのだ。

「最初の一歩」こそ一番難しい

この本の2章で、親友のジョン・バーグホフが、うつ病の緩和と経済的な問題を解決するためにジョギングをすすめてくれた話を覚えているだろうか？

「ジョン、僕は走るのが苦手でね。というか、実は走るのが大嫌いなんだよ。どうしても無理なんだ」

自分が自分を信じていなかった状態から52マイルのウルトラマラソンを完走するまでの僕の旅は、こんな風に始まった。

「やろうぜ、ハル。僕が100マイル走れるなら、君は間違いなく26マイル走れるよ！」

僕は納得できず、「うーん。考えておくよ」と応じた。実際のところ、そう言いながら、やんわりと断ったつもりだった。僕はフロントロー基金の人生を変えるような活動を信奉しているし、サポートしている。親友のジョン・ヴロマンが基金を設立して以来、僕の収入の一部をこの団体に寄付していたのだ。

でも、小切手を切るのはフルマラソンを走るよりずっと簡単だ。追いかけられでもしない限り、僕は高校を卒業してから10年間、1ブロック以上走ったことがなかった。学生時代も体育の単位を落とさないためだけに走っていた。

それに、20歳のときに自動車事故で大腿骨と骨盤を骨折して以来、足に負担をかけすぎるとどうなるかが、いつも不安だった。スキーに行くたびに、ひどい転び方をして金属の棒が皮膚を破って飛び出すところを想像せずにはいられなかった。手足を骨折し、ネジとボルトで修復し、医者から「二度と歩けない」と言われると、そんな恐ろしい思考回路ができあがってしまうものなのだ。

ジョンとの会話の1週間後、コーチングのクライアントのひとり、ケイティが2回目のマラソンを完走した。

「ハル、本当にすごい経験だった。これからは、なんでもできそうな気分よ！　あなたも絶対にやってみるべきよ！」

ジョンとケイティのマラソンについての熱弁を聞いた僕は、そろそろ自分が「走れない」という思い込みを乗り越える時期かもしれない、と思い始めた。

彼らにできるなら、僕にもできるに違いない。

それに、マラソンを走ることは、間違いなく人生のなにかの分野を「10点満点」にするための進化だろう。

僕が「ランナー」に変わるまで

翌朝、僕は自分がどれだけ走れるかを試してみることにした。

モーニングメソッドを活用して、〈サイレンス〉で走るという意識を神経系になじませ、〈アファメーション〉で「ランナーになれる」と宣言し、〈イメージング〉で最高の気分で走っている自分を思い描いた。

3つのメソッドを終えるとすぐに、ナイキのエアジョーダンのバスケットシューズを履いて（ランニングシューズすら持っていなかった）、家の玄関へと向かった。朝のメソッドで最適な心構えを設定したおかげで、実際に走るのが楽しみになってきていた。

張り切って、意欲と希望に胸をふくらませ、車道を下った。深呼吸を数回して、歩道に出るとスピードを上げた。そんなに悪くないぞ、と僕は思った。僕はランナーになれる！

でも、数ブロック走っただけで息切れし、長年の思い込みである、あのフレーズが心をよぎった。

「僕は走るのが苦手だ」

腰がうずく。以前骨折した太腿が痛い。1マイルも走るスタミナはなく、ましてや26マイルは無理だ。僕には助けが必要だった。そして計画も。

僕はアマゾンでデヴィッド・ウィセット著『The Non-Runner's Marathon Trainer（走るのが苦手な人のためのマラソントレーニング）』を買った。これで今後の進め方がわかる。

最初の10日間

走り始めた最初の10日間は、肉体的にも精神的にも辛かった。

1日も欠かさず、頭の中で「凡人」の自分が「やめてもいいんだぞ」とささやく声と闘い続けた。あきらめるのは簡単だ。でも、**ラクな道ではなく、正しい道を選べ。**そう自分に言い聞かせ、走り続けた。頑張り抜いた。

次の10日間

11日目から20日目になると、少しだけラクになった。

走るのはまだ好きになれなかったが、以前ほど嫌いではなくなった。人生で初めて、毎日走る習慣を身につけつつあった。もはや、車を運転中に歩道をジョギングする人を、恐ろしいものでも見るようにしていた頃の自分ではない。2週間近く毎日走っているうちに、毎朝起きてそのまま走りに行くのが、自分にとって普通のことのように思い始めていた。

最後の10日間

21日目から30日目は、楽しんでいた。

「走るのが嫌い」という気持ちを忘れそうになっていた。あまり考えなくても、身体が動くようになった。朝起きて、新調したランニングシューズを履き、毎日走った距離を記録した。心の葛藤は消え、前向きなアファメーションを唱えたり、オーディオブックを聴いたりしながら走った。

ちょうど30日かけて「僕は走ることが苦手だ」という自分に制限をかける思い込みを克服した。**そして僕は、想像もしていなかった自分になれたのだ——ランナーに。**

その後のストーリー——52マイルの先にあった自由

「走る距離を徐々に増やす」というマラソントレーニングのプランに従ってわずか4週間で、僕は初めて6マイルを走りきり、1か月で合計50マイルを走破した。

自分の達成したことを祝いたい気持ちでジョンに報告の電話をかけると、とても喜んでくれた。そして、現状に甘んじることを許さずに、僕に新たな挑戦をするようにすすめてくれた。

「ハル、ウルトラマラソンを走ってみないか？　26マイル（フルマラソン）走るつもりなら、52マイル（約84キロ）だって同じことさ」

こんな提案をできるのは、ジョンしかいない。

「ちょっと考えてみるよ」と僕は言った。今回は、本気でそう答えた。さらに自分を追い込んで52マイルを走るという考えに魅了されていた。

ジョンの言う通りかもしれない。1か月で50マイルを走り、6マイル連続で走れたという事実は、僕がこれまで思い込んでいた限界を打ち破るものだった。26マイルを走るつもりでトレーニングするのなら、52マイル走れるように鍛えたほうがいい。アトランティックシティ・マラソンまでまだ半年もある。目標値を高く設定して、52マイルに挑戦するか？

僕はそうすることにした。そして、さらに友人ひとりと果敢なるクライアント2人を説得し、一緒に出場することにした！

6か月後、僕の累計走行距離は三度の20マイルを含む475マイルになっていた。ほぼ大陸を横断する距離を走った僕は、クライアントのジェームズ・ヒルとファビアン・バレンシア、そして旧友のアリシア・アンダーラーの4人で、ついに52マイルを走ることになった。ジョンも応援に駆けつけてくれた。

僕たちには、ひとつ課題があった。アトランティックシティ・マラソンには「ウルトラマラソン」（42・195キロを超える超長距離のマラソン）の枠がない。そこで自分たちで勝手に自作することにした。

午前3時半に遊歩道で待ち合わせた。公式マラソンが午前8時に始まる前に、最初の26

マイルを走り終え、残り半分を通常のマラソン参加者と一緒に完走する、という算段だ。4人の興奮にはエネルギーと恐れとアドレナリンと信じられない気持ちが入り混じっていた。「ねえ、本当にやるの⁉」という感じだ。

月の光がもっと明るければ、吐く息が白く見えそうなほど肌寒い10月だった。それでも、道の明かりは十分だったので、僕たちは走り始めた。足を交互に、一歩ずつ、着実に前に運んだ。本日の成功の鍵は「前進し続けること」で全員一致。**足を前に出し続けている限り、前進し続ける限り、いつか必ずゴールにたどりつく。**

6時間5分後、グループが一体となって互いを信頼し、励まし合いながら、僕たちは最初の26マイルを完走した。全員にとって決定的な瞬間だった。それは、26マイルを走りきったからではなく、これから先、あと26マイルを走るためには不屈の精神が必要だという思いを新たにしたからだった。

わずか6時間前に全身にみなぎっていた高揚感は、耐え難い痛みと疲労と精神的消耗へと様変わりしていた。当時の肉体・精神的状態を考えると、これまでの26マイルをもう一度やるにあたって、同じ意気込みを再現できるか、わからなかった。

しかし僕たちはやり切った。

最初のスタートから15時間半後、ジェームズとファビアンとアリシアと僕は、52マイルの挑戦をやり切った……4人一緒に。ひたすら足を交互に出し続け、走り、小走りになり、歩いて、足を引きずって、文字通り這いつくばってゴールに入った。

ゴールラインの先には「自由」があった。

この先誰にも取りあげることができない「自由」が。

この自由は、自分の思い込みがつくった「縛りからの解放」だ。

トレーニングを続けながら、52マイルを連続で走ることは「不可能ではない」とは思ったが、4人のひとりとして「絶対にできる」とは思っていなかった。それぞれが、恐れと自己不信に苦しんでいた。

しかし、ゴールを越えたその瞬間に、自分に真の自由をプレゼントできたのだ。

それは、恐れと自己不信と、自分に押しつけていた制限からの「解放」という贈り物だった。

10章

明日から「新しい自分」を始めよう
——最初の30日間の旅

極上の人生を手に入れるためには、自分にとって一番大切なことを日々継続的に向上させてゆくこと、それにつきる。

——ロビン・シャーマ

人生は、快適な場所を出てからが始まりだ。

——ニール・ドナルド・ウォルシュ

なお、疑問に思う人もいることだろう。

「モーニングメソッドは本当にたった30日で人生を変えるの？」

「人生に、そこまで大きなインパクトを、そんな短期間に与えられるの？　本当に？」

僕自身がどん底から大きく変化したのをはじめとして、世界中の何百万人もの人が効果を実感している。僕やあなたのような普通の人が、「別格」の人に変わったのだ。

前の章では、30日間で新しい習慣を上手に維持するためのシンプルで効果的な戦略についてお伝えした。ここでは実際に、その戦略をモーニングメソッドの実践に当てはめて、「人生を変える30日間の旅」を自然に行えるように導きたいと思う。

この章では、あなたの生涯にわたる「モーニングメソッド」の旅の最初の30日間の過ごし方を述べていく。

そして、6つの習慣に加えて、あなたの人生と成功、理想の姿、行きたい場所に大きな影響を与える他の習慣についても探っていく。30日間を使って身につけていく習慣が、あなたの人生の方向性を完全に変えるだろう。

人生の方向性を変えることで、生活の質が変化し、最終的に行き着く先も変わるのだ。

「自制心」「冴えた頭」「人間的成長」が手に入る

モーニングメソッドを30日間実践することは、人生のすべての面で成功するための今後一生にわたる基礎づくりである。

毎朝早起きしてメソッドを実践することで、**自制心**（やると決めたことをやり抜くために欠かせない能力）と、**冴えた頭**（最重要事項に集中するパワー）と、**人間的成長**（成功を決定づける最大の要因）が手に入る。

その結果、わずか30日後に、人間としても、仕事面でも、経済面でも最高レベルの成功を手に入れられる人生に変えることができるのだ。

最初の30日間だけでも、考え方や気分が大きく改善されるのが実感できるはずだ。

「30日間も本当に続くのだろうか？」と心配している人は、どうか肩の力を抜いてほしい。そんな気分になるのは当然のこと。過去に早起きの習慣化に失敗した経験があるなら、なおさらだ。多少の不安はあって当たり前、むしろ挑戦する意欲がある証拠だと考えよう。

覚えておいてほしいのは、あなたの人生は、あなたが成長した後にのみ改善されるということ。

これからの30日間がまさにそのプロセスであり、新しい自分への始まりなのだ。

モーニングメソッドを始めるステップ

ステップ❶ 「スタートキットを手に入れる」

MiracleMorning.com/resources にアクセスすれば、無料のスタートキットをダウンロードできる。このキットには、モーニングメソッドを簡単に始めるためのすべてのものが含まれている。ただし、これは英語版。日本の書籍には特別に、日本語に訳したスタートキットを巻末（268ページ）に付録として掲載したので、ぜひ使ってほしい。

ステップ❷ 「明日からのモーニングメソッドの計画を立てる」

明日からモーニングメソッドを行うと自分に約束して、予定しよう（スケジュールに書き込むこと）。実践する場所も決めよう。二度寝の誘惑を断ち切るために、寝室から出るのがおすすめだ。

僕はモーニングメソッドを、毎日、リビングルームのそばで、家族がまだ寝ているときに行う。天気の良い日に自然の中でモーニングメソッドを行う人もいるようだ。あなたも、自分がもっとも快適にいられる場所で行ってほしい。ただし邪魔の入らない場所で。

最初から完璧である必要はない。前進することが大切だ。6つの習慣すべてを行わなくてもオーケー。

スタートキットの記入欄を使って〈ライティング〉から始めてもいい。または次からの二つの章を読むことに集中して〈リーディング〉を行ってもいい。大切なのは、メソッドを「一つ以上」行うことだ。

ステップ❸　「アラームを設定し、ベッドから離れたところに置く」

「ここが肝心だ」と、僕の最初のコーチであるジェフ・ソーエイが言っていた。早起き（理想的には30分から60分早く起きる）して、最初のモーニングメソッドを確実に実践するためだ。

部屋の反対側に目覚まし時計を置くことは必須ではないが、ベッドから強制的に起き上がり、直立姿勢になったほうが、手を伸ばしてスイッチを止められる状態よりも、そのまま起きていられる確率が大幅にアップする。

自分の人生のレベルを引き上げる準備はできているか？

成功と達成のレベルを「1点から10点」で測る場合、僕たちは誰でも、自分史上最高の自分になり、「10点満点」の人生を送りたいという意欲と願望を生まれつき持っている。

その方向への第一歩を踏み出すために、あなたは何をすべきだろう？

あなたにとって、「一段階上のレベルの成功」とはどんなことだろう？

そこに到達するために、どのような能力や習慣を身につける必要がある？

これからあなたは、自分に30日間の贈り物をする。1日ずつ前進することで、人生を大きく向上させるのだ。

あなたの過去がどうであれ、**「今」の行動を変えることで、「未来」を大きく変えることができる。**

しばし休憩。

ここで深呼吸。

本を読むことは、自己変革のための貴重なツールだ——ただし、それは学んだことを行動に移せば、の話。

もしもまだ始めていないなら、今から毎日のモーニングメソッドを始めよう。

この先の二つの章では、あなたの睡眠を最適化して、意識の内なる自由を高めるヒントを紹介する。

ただし、まずはモーニングメソッドを始めてしまうのがベストの選択だ。この先は6つの習慣の〈リーディング〉の間に読むことをおすすめしたい。

始めるための手順を確認したい場合は、いつでも「10章：明日から「新しい自分」を始めよう——最初の30日間の旅」に戻って見直そう。

あなたがひらめきを得て成長することを、僕はワクワクしながら楽しみにしている。

幸運を！

11章

至福のベッドタイムのためのイブニングメソッド

毎日同じ時間に就寝し、同じ時間に起きていれば、睡眠の質が向上するだけでなく、場合によっては睡眠時間がそれほど必要なくなることに気づくだろう。

——マイケル・ブルース博士、臨床心理学者・睡眠医学の専門家

天使たちがあなたに最高の夢をもたらしますように。長い至福の眠りを。おやすみなさい、友よ！

——作者不明

「ハル、寝る前のルーティンは？」

長年にわたり、多くの人から質問されてきた。「ひとつもない」と答えるのは、少々恥

ずかしかったし、毎回がっかりさせるのは申し訳なく感じていた。

しかし僕は気がついた。1日をどう終わらせるかを考えることは、1日をどんなふうにスタートさせるかを考えるのと同じぐらい重要なのだ。この章では、次のようなメリットが得られることを前提に、イブニングメソッドを実践するためのヒントを紹介する。

- 「寝つきが悪い」「途中で目が覚める」という問題を克服する。
- ストレスの多い考えや感情を手放して、リラックスした気分で穏やかに就寝できるようにする。
- リフレッシュして元気に目覚められるように、内外の環境を整える。
- 感謝と安らぎを感じながら眠りに落ちる。

1日の終わりにストレスを感じていて、寝つきが悪く、寝ても途中で目が覚めてしまう……そんな人は、ぜひこの章を役立ててほしい。

僕自身、慢性的な不眠症と長期にわたる睡眠不足に苦しみ、克服してきた。だから、睡眠がうまくいかないことがどれほど辛いかをよく知っている。だからこそ、新版にあたってこの章を新たに書き下ろした。

ストレスの多い思考を手放し、身体と心を穏やかにして、感謝したいことに意識を向けるための夜のルーティンを確立すれば、感謝と幸福感に包まれて穏やかにベッドに入り、ぐっすり眠って素晴らしい気持ちで目覚めることができるようになる。

1日の締めくくりを大切にすることは、睡眠による回復力を上げるだけにとどまらず、翌日に最適なスタートを切る準備のためにも、理にかなっていると言える。

「僕は死にたい」

2019年11月から2020年5月まで、僕は平均して一晩に2~4時間しか眠れなかった。数時間しか眠れなかった夜を一晩でも経験したことがある人なら、それが精神的、感情的、身体的健康にどれほど有害であるかがわかるだろう。

6か月の慢性的な睡眠不足で、僕は深刻なうつ状態に陥り、幻覚を経験し、誰かが僕を殺そうとしている感覚に襲われ、不安に苦しみ、命を絶つことまで考えた。

毎晩、寝返りを打って、天井を見つめたまま眠れなかった。僕の心は、世界で起こっているあらゆる恐ろしい出来事や、僕自身の私生活の悩み、がんの再発の恐怖に悩まされて、不安の嵐が渦巻いていた。

メンタルに呼応して心臓が早鐘を打ち、コルチゾール（副腎皮質から分泌されるホルモン。ストレスを感じると急激に分泌が増えることから、ストレスホルモンなどとも呼ばれる）が血管にあふれ、目が冴えると同時に、精神的にも肉体的にも疲れ果てていた。日中は気分が悪く、不幸せで、薄暗い場所で多くの時間を過ごした。

睡眠不足がうつと不安を悪化させ、うつと不安が睡眠不足を助長していった。この悪循環は、何らかのアクションを起こさない限り終わることがない。妻に迷惑をかけないように、2か月間ゲスト用の寝室で1人で寝ていたが、ある夜、僕はどうしようもない気分で妻にメッセージを送った。

「愛しい人、心配させたくはないけれど、正直に言うと、僕は死にたい。これ以上耐えられないし、どうすればいいかわからない」

数時間後、妻は目を覚まして僕のメッセージを読み、ゲストルームに入って来た。僕を抱きしめて、「愛している」と言ってくれたが、妻もまた絶望し、同情からの言葉だった。

包み隠さずに言うと、僕たちの結婚生活はこの数年間かろうじて持ちこたえ、半年間は崩壊寸前だった。2人とも苦しんでいたが、僕だけに原因があった。僕は半年も不眠が続いて別人のようになっていて、妻と結婚したときのような、前向きで幸せで楽しい男ではなくなっていた。不安と恐怖と落ち込みがひどくて、一緒にいると不快になる存在だったと思う。妻は僕を愛してくれていたが、僕が希望を失っているのを見て、同じように希望を失っていた。

僕は睡眠を改善するためのさまざまな戦略を研究して実験し始めた。２００８年に絶望とうつからモーニングメソッドが誕生したように、辛い不眠の解決策もまた、時間をかけて試行錯誤した末にやってきた。

それが「イブニングメソッド」だ。

ここからは、僕のルーティンを順を追って説明するが、そのまま使ってもいいし、あなた独自のイブニングメソッドを設定する足がかりとして使ってもオーケーだ。

イブニングメソッド７つのルール

イブニングメソッドは、就寝の数時間前に始まる。

慢性的な不眠と睡眠不足に悩まされていた僕が、これのおかげでぐっすり眠り、回復して爽やかに目覚めるようになった。現在の僕のイブニングメソッドのルーティンは次の通りだ。

- 食事は就寝の3〜4時間前までに終える
- ストレスの多い考えや感情を手放す
- 次の日の計画を立てる
- ブルーライトを追放する
- 就寝時のアファメーションで至福の状態に入る
- 気分が良くなる本を読む
- 赤ちゃんのように眠る

たくさんあるように見えるかもしれないが、それぞれがシンプルなので、労力はさほどかからない。また、それぞれの手順を単独で行っても効果があるが、組み合わせると、寝る前の気分や睡眠の質が変わる。各ステップについて詳しく見ていこう。

1　食事は就寝の3〜4時間前までに終える

8章で述べたように、食べ物を消化するには非常に多くのエネルギーを使う（だから大量の食事の後はぐったりしてしまう）。寝る直前に食事をすると、夜中も身体が働き続けざるを得ないために、ネガティブな影響があるのだ。

何時に食べるか、どれだけ食べるか、どの食品を選ぶかを意識することが、睡眠と朝の気分を最適化するために重要だ。

食事が完全に消化器官を通過して排出されるのにはもっと時間がかかるが、ここで注目したいのは食べ物が胃から小腸に移動するのにかかる3～4時間だ。消化プロセスのこの段階が重労働なのだ。

食事が消化されるのにかかる時間は、摂取した食品の量や種類などの変数によって異なる。肉、パン、パスタ、チップスなどの糖分と油分の多い食品は、消化に4時間（またはそれ以上）かかる場合がある。もちろん食事の量が多いほど、消化にかかる時間は長くなる。

僕のおすすめは、就寝の3～4時間前に1日の最後の食事を終えること。午後10時に就寝するなら、身体に十分な消化時間を与えるために、午後6時～6時半頃に夕食をとる。

就寝時間近くに食事をするしか選択肢がない場合は、できるだけ少量（握りこぶしより小さい分量）にして、健康的な食品、できれば食物繊維の多い食品を選ぶようにしよう。

あなたが今、夕食を寝る少し前にとったり、夜遅くにおやつを食べたりしているとしたら、かなり意識して努力することになる。おすすめは、**食事を終える時間を「徐々に早め**

る」こと。

今、就寝時間の1時間前に食事を終えている人は、90分前に早めてみる。これを1週間続けてから、2時間、2時間半、3時間、と進めよう。

この変化を30日間の旅の一部にしてしまえば、数週間のうちに、自動モードでラクにできるようになるだろう。

2 ストレスの多い考えや感情を手放す

眠ろうと横になると、自分ではコントロールできないことをクヨクヨと考えてしまうだろうか。最近の出来事や翌日のやることリスト、未完のプロジェクト、経済状態、健康上の問題、仕事やプライベートの人間関係の悩み、世界の状況や経済、その他自分にはどうしようもできない問題……眠ろうと横になっているのに、心配ごとが頭をぐるぐると回ってしまう。

自分が直接対処できないことを心配すると、「制御不能」のスイッチが入って、それが睡眠を妨げるストレスと不安を引き起こしてしまうのだ。

制御できないことを心配すると、本能が「安全ではない」と感じる。安全を感じることは、もっとも基本的な心理的ニーズだ。安全を感じられないとき、神経系は「闘争・逃走反応」を起こす。何らかの形で安全が脅かされていると感じると、リラックスして安らかに眠りにつくことはほぼ不可能になってしまう。

僕はかつて、冒頭に書いたすべてについて考えたり心配したりして夜を過ごしていた。でもあるとき、当たり前のことをようやく認識することができた——就寝時の僕の唯一の目的は、至福の眠りのために心と身体を準備することなのだ。まさにそれだけ。他には何もない。

ここで少し、「至福」の眠りという意味を明確にしておきたい。

僕は「至福」の状態を、完全に平和で深い感謝の気持ちに包まれた状態と定義している。つまり、枕に頭をつけたときに、その日に起こったことを反芻したり、繰り返したりはしない——それが僕に平和と感謝を与えてくれない限りは。

その日の出来事を振り返って笑顔になれるのであれば、それも悪いことではない。

逆に、ストレスの多い出来事を再生したり、その日に何がうまくいかなかったかを考えたり、見えない未来を心配したりすることは避けたい。そんな思考パターンは、休息して回復するための睡眠に悪影響を及ぼす可能性があるからだ。

そう気づいた僕は、**夜になったらメンタルのスイッチを「オフ」にする**ことに決めた。ストレスの原因について考えるのをやめるか、非生産的な思考を生産的な思考に置き換えるかのどちらかだ。

穏やかで平和な心、感謝と幸福感は、至福の眠りへといざなってくれる。これを行うために、僕は、ストレスの多い考えや感情を**「認め、受け入れ、手放す」**という、３つの簡単なステップを使うことにした。

ストレスの多い感情を手放す最初のステップは、「自分が感じていることと、その原因と思われるものを認めること」。辛い感情を無視したり、抑圧したり、回避したりしても、表には見えないところでくすぶりつづける。

こうしたストレスの感情を本当に手放すには、無意識から意識へと引き上げて、認識し、手放す必要がある。

これを可能にするアファメーションを次に紹介する。最初に、自分が感じていることと、その原因を特定して認識しながら、ゆっくりと深呼吸しよう。

私は、［　　　　］（あなたの内なる混乱の原因）について、［　　　　］（恐怖、不安、怒り、ストレス、悲しみ、欲求不満、その他の睡眠を妨げる感情）を感じています。

以下に例をいくつか挙げるので、参考にしてほしい。

- 私は、自分の経済状況について、恐怖を感じています。
- 私は、配偶者の今日の私への態度について、怒りを感じています。
- 私は、健康上の問題について、悲しみを感じています。

感じていることを認め、それを言葉にしたら、ゆっくりと深呼吸して心を落ち着かせよう。本当の気持ちに向き合うのに1分ほどかかるかもしれない。辛抱強く待とう。**どんな感情も受け入れ、批判しないで、認めるのがコツだ**。良いとか悪いとか決めつけなくていい。呼吸をするたびにリラックスしながら、感じていることと、その感情がどこからきているのかを観察しよう。

2番目のステップは、「眠ることの目的を思い出す」ことだ。心と身体を至福の眠りのために整える。自分に寛容になり、自分が感じていることを受け入れよう。そして、眠ることの目的を思い出そう。夜の睡眠を最適化するために、心と身体を整えるのだ。

最後のステップは、「ストレスの多い考えを手放して、心地よく眠ることを自分に許可する」だ。

自分に許可を出せるのは、自分しかいない。次のアファメーションを唱えてみよう。

私はストレスの多い考えや感情を手放すことを自分に許します。

眠りに落ちるときに至福を感じられるよう、平穏と感謝に意識を向けることを選びます。

3 次の日の計画を立てる

寝る前に、明日の用事をすべて頭から追い出そう。デジタルカレンダーを使ったり、ベッド横のテーブルに置いた日記や手帳に手書きするなどして、1時間ごとの予定を立てる（自由時間も含む）。

就寝前に考えなくてすむように、仕事の終わりに行ってもいい。いずれにしても、**次の日にやることを書き留めておくと、頭がすっきりしてストレスが軽減される。**

僕個人はスケジュール管理にGoogleカレンダーに似た「Fantastical」というデジタルカレンダーアプリを使っている。デジタルカレンダーの方が好きなのは、僕の毎日の活動のほとんどがパターン化されているからだ。

モーニングメソッド（午前4時から5時）、執筆（午前5時から6時）、最優先の仕事

（午前6時から7時）、家族の時間＋スムージー（午前7時から8時）、ワークアウト＋仕事の準備（午前8時から9時）、メール（午前9時から10時）など。

こういった活動はすでに時間枠を設けてあるため、寝る前にスケジュールについて考える必要はほとんどない。

紙でもデジタルでもいいので、スケジュールを書き留めておけば、翌日の重要なタスクすべてに取り組むための時間を確保できる。文書化しておけば、もうそのことを考える必要はなく、心穏やかに眠るという目標に集中できるのだ。

4 ブルーライトを追放する

夜なかなか寝つけないなら、デジタル機器が原因かもしれない。携帯電話、タブレット、PC、テレビはすべてブルーライトを発している。ブルーライトは大量のエネルギーを生成し、注意力と覚醒度を高める。また、体内でのメラトニン（眠気を誘うホルモン）の分泌を抑制する。そのため、寝る前に習慣的にスマートフォンを見たりテレビを見たりしていると、睡眠の質が損なわれている可能性がある。

就寝前にブルーライトをなるべく浴びないようにすることが重要だ。以下にいくつかのヒントをお伝えする。

就寝の30〜60分前からはデジタル機器を見ない

就寝の2〜3時間前にブルーライトを避けるのが理想的だが、まず30〜60分前から始めよう。そのために、スマートフォンに（皮肉なことだが）リマインダーを設定して、携帯電話を見るのをやめるように促すこともできる。

寝室はできるだけ暗くしておく

就寝の30分前には照明を暗くしよう。赤色の電球もおすすめだ。赤色の光波は概日リズムに影響を与えにくく、メラトニンを抑制しにくいからだ。僕はベッドサイドのランプに赤色の電球を使っている。

携帯電話は部屋の反対側で充電する

このヒントについては、アラームをベッドから遠ざける戦略で紹介したが、大切なのでもう一度書いておく。携帯電話の画面はブルーライトを発するだけでなく、刺激的なコンテンツも含めて、リラックスしたいときに注意力を高めてしまいやすい。

携帯電話の誘惑に負けてしまいそうなら、部屋の反対側や別の部屋で充電しよう。そうすれば、うっかり手を伸ばすリスクが避けられる。

5　就寝時のアファメーションで至福の状態に入る

ストレスの多い考えや感情を手放すために、簡単な方法がある。それは、頭の中にある心配ごとを、自分に安らぎとパワーを与えてくれる思考や感情に置き換えることだ。穏やかな思考を促すために、僕は次に紹介する就寝時のアファメーションを使っている。深くゆっくりと呼吸し、まどろみながら、自分に言い聞かせるように唱える。一文を読み終えたら、少し間を空けて深呼吸し、できれば目を閉じて、本心からの言葉であると感じるようにしよう。

今は、自分の問題を心配したり、解決しようとしたりするときではありません。私の唯一の目的は、穏やかで回復力のある眠りのために心と身体を落ち着かせることです。

今この瞬間、私は安全で、ベッドで心地よく過ごしています。何も心配はありません。

私は［　　　　　］に感謝しています。

もしもあなたに、寝る前にストレスの多い思考をめぐらせる習慣があるなら、平和と感謝の気持ちに置き換えるように意識的に取り組んでみよう。

巻末に、僕が使っている就寝前のアファメーションのフルバージョンを付録として載せておくので、参考にしてほしい。

6　気分が良くなる本を読む

前に書いたように、読書は知識を得て、1日（この場合は夜）の調子を整える、もっとも迅速で確実な方法だ。また、寝る前に前向きな思考を持つことは大切だ。もっと本を活用しよう！

笑顔になれる小説、幸せについての本、気分が良くなり心が落ち着く本を選ぼう。

僕自身は、ベッドに入ったら、携帯電話を機内モードにして、ホワイトノイズ（人間に聞こえる範囲のすべての周波数の音が均一に混ざっているノイズのこと）のアプリをオンにし、ナイトスタンドの引き出しのお気に入りの数冊から1冊を取り出す。

寝る前に10〜20分読書をすると、目を閉じる前にポジティブな精神状態になることができる。そのために、僕は二つの具体的な基準を設けて本を選んでいる。

- 至福の眠りのために、気分が良くなり、感謝の気持ちがわき、心が穏やかになる本
- 新しいことを学ぶようなエネルギーのかからない、既に読んで再読したい箇所に線を引いた本

必ずしも既に読んだ本を選ぶ必要はないが、新しい本より精神的な負担がはるかに少なくてすむのは確かだ。

僕が夜に選ぶのは、モーニングメソッドで読む本とはまったく異なっている。モーニングメソッドでは通常、人生のある分野の改善や成長の方法を学べる新しい本を選ぶが、そういった本は精神的に多くの受け入れ幅を必要とする。そのため、夜はそういったチャレンジングな本は選ばない。

読書の後は、感謝していることについて考えたり、瞑想したり、マントラを唱えたりして、眠りに落ちていく。

7 赤ちゃんのように眠る

この最後のステップは、実践的でありながら哲学的だ。

あなたがこの世に生まれたときを想像してほしい。あなたの意識は純粋で影響を受けておらず、心配、後悔、意見、批判、期待、不安、恐れがない。他の人から押し付けられた、「どう考え、感じ、行動すべきか」という縛りもない。失敗を恐れたり、悩んでストレスを感じたり、他の人からどう見られているかを気にしたりしない。社会がつくり出した規範、基準、ルールがまだ組み込まれておらず、他人に対しても自分自身に対しても、否定的な判断を下すことはない。そして、過去を反芻したり、未来を心配したりして夜眠れなかったことは、もちろんない。

何の努力をしなくても、あなたのデフォルトは「喜び」だ。あなたは生きることを楽しんでいる。これを妨げるのは、空腹や睡眠不足といった身体的な不快感だけ。食事や昼寝をするとたちまちあなたは元通り笑ったり、周囲を観察したりする。赤ちゃんが「喜びの塊」と呼ばれるのには理由がある。**喜びは、人間本来の、自然な状態なのだ。**

ところが、成長するにつれてすべてが変わる。あなた本来の「内なる自由」と「喜び」

が、外部からのプログラミングによって少しずつ浸食されていく。

「喜びや幸せは、自分以外のものから見出さなければならない」と親や社会全体から条件づけされていく——漫画、おもちゃ、食べ物、賞賛、達成……。しかし、どれも実際には、持続する真の喜びや幸せをもたらさない。**外部からの刺激は、一時的な感情の高まりや快楽を生み出しては、すぐに消えてしまう**ので、別の刺激に置き換える必要がある。

それでいいのか？

今こそ、本来の「内なる自由」を取り戻そう。就寝時間は絶好のチャンスだ。この時間を活用すれば、メンタルと感情の健康をコントロールすることができる。もう、夜に過去を反芻したり、将来を心配したりして眠れなくなる自分にさよならしよう。

具体的にどう実践しているかというと、僕はイブニングメソッドのすべてのルーティンを実行する。眠るために横になり、数分間、自分が感謝していることについて考え、感謝の気持ちをじっくりと味わうようにしている。

全体的に良い1日だったときは、その日の出来事を思い出す。たとえば、息子とボードゲームで遊んだこと、娘と有意義な会話をしたこと、仕事で進歩したこと、妻が家族のためにつくった食事に感謝する。

感謝する対象に意識を向けることで、眠る前に心が満たされて穏やかになり、潜在意識にひと晩じゅう幸せな思考をプレゼントすることができる。最初のうちはなかなか実践が難しいかもしれない。

でも先に述べたように、**思考パターンはほとんどが無意識で習慣的なので、思考をグレードアップするためには意識的な努力と時間が必要だ。**だから、就寝前のアファメーションが役に立つ。意識を向けるべき事柄を思い出させてくれるからだ。

僕の場合は、時間が経つにつれて、寝る前に前向きな思考で安らかな眠りにつく準備をすることがラクになり、無意識かつ自動的にできるようになった。

気がつけば、毎晩ストレスを感じながら眠っていた状態から、心からの感謝と安らぎを感じながら眠りにつく状態へと変わっていた。それだけではなく、同じ気持ちで目覚めるようになった！

睡眠は、僕たちが心と身体に与えられる最高に有益なプレゼントだ。

自分だけの「イブニングメソッド」をつくろう

モーニングメソッドの6つの習慣と同じく、イブニングメソッドはあなたのスケジュールや好みに合わせて調整し、自由に組み立てることができる。

すべてのステップを実践してもいいし、自分に合うステップを選んでもいい。または、ゼロからオリジナルのルーティンを構築することもできる。

重要なのは、どのバージョンを選ぶかではなく、心と身体をリラックスさせ、ぐっすりと眠り、休息して、元気を取り戻して目を覚ますことができるような、自分だけの夜のルーティンを実践することだ。コツは**「シンプルにすること」**。重要なのは次の3つ。

- リラックスした気分で就寝できるように、ストレスの多い考えや感情を手放す。
- 目覚めたときにリフレッシュして活力を感じられるように、内面と外側の両方の環境を整える。
- 感謝と安らぎを感じながら眠りに落ちる。

アイマスクや耳栓を使って、光や音によって睡眠が妨げられる可能性を排除するのもおすすめだ。ホワイトノイズやブラウンノイズ（ホワイトノイズより低音で、雷雨のような音）が眠るときに役に立つという人もいるだろう。

前にも書いたように、僕自身は、耳栓を使い、機内モードにして部屋の反対側に置いたスマートフォンのアプリで「ホワイトノイズ」を流している。睡眠を妨げる可能性のある予期しないノイズをかき消すことができるので、安心して眠れるのだ。

夜を本当の「休息の時間」にするために

モーニングメソッドを補完するイブニングメソッドの習慣の基礎固めはできただろうか。新しいルーティンを持続させるには、最初は意志力が必要だが、すぐに（たいていは数週間以内に）自動的にラクに実行できるようになる。内容に自信を持ってほしいのと、メリットが大きいこと、やればやるほどラクにできるようになることを覚えておいてほしい。

1日の終わり方は、1日の始まり方と同じくらい重要だ。モーニングメソッドは、心身共に最高の状態で1日を始めることを可能にするが、イブニングメソッドは、感謝と穏やかな気持ちで1日を終えることを可能にする。至福の眠りを体感して、気分良く目覚めることができるのだ。

あなたは穏やかで感謝に満ちた眠りを得るにふさわしい存在だ。そして、そのプレゼントをあなたに与えられるのは自分だけだ。ぐっすり眠って回復し、目覚めたらモーニングメソッドを実践しよう。愛する人、あなたを頼ってくれている人、そしてあなた自身のために、自分史上最高のあなたでいよう。それが毎日続いていくのだ。

12章

自由になる——最高の人生は今日から始まる

「もしあなたが望むなら、人生を憎み、世界に怒りを抱く理由を100万個見つけることができる。あるいは人生を愛して幸せになる理由を、100万個見つけることもできる。賢く選択せよ」

——カリ・ウェルシュ

「あなたが人生で本当に欲しいのは、情熱と喜びと愛を感じることだけだ。それを常に感じられたら、外で何が起ころうと誰が気にする？ 常に気分が良くて、今この瞬間の経験に常にワクワクすることができれば、何を経験しようが同じことだ」

——マイケル・シンガー

想像してほしい。今、僕があなたの目の前に魔法のように現れる。映画『アラジン』のジニーみたいな精霊になって、あなたの前で足を組んで空中に浮かんでいる。

そしてこう言う。

「僕はあなたの願いをひとつだけ叶えることができる」

ただし、豪華な邸宅や大金を与えることはできない。あなたを若返らせたり、外見を変えたりすることもできない。人生のパートナーを与えることもできない。1000以上の願いを叶えることも絶対に無理だ。

僕があなたにプレゼントできるのは、こんな能力だ。

「あなたが今どんな状況にあろうと、その瞬間をどういう体験にするかを自分で選択できる能力」

あなたは、人生のあらゆる瞬間に「受け止め方」を選ぶことができる。

恐れやストレスや心配にとらわれずに人生を送り、毎日目を覚まして自分の人生を心から愛し、自分史上最高に幸せになり、地上の天国を体験することができる。それが毎日、死ぬまで続くのだ。

あなたの望みは何だろう？　人生のあらゆる瞬間をどのような体験にすることを選ぶだろう？

ひとつだけ問題がある。

それは僕たちが、**幸福は外部の力によって決まると思い込まされていることだ**。僕たちは良いことが起こると気分が良くなり、悪いことが起こると気分が悪くなると誤って信じている。そのため、状況や出来事や他人に自分の気分を、そして最終的には人生を、決めさせてしまっているのだ。

本章で紹介するのは、**「何が起こっても、自分が感じたいように感じる」**という新しい概念だ。自分の感情をコントロールする方法を学び、人生のあらゆる瞬間をどう解釈するか、どういう体験にするかを自分で選択できるようになろう。

この章で伝えたいことは、モーニングメソッドを10年以上実践したなかで生まれた概念で、「内なる自由」へと続く道だ。**内なる自由とは、「今この瞬間」をどのように解釈し、どういう体験にするかを自由に選択できる意識の状態**だ。

この意識の状態に到達できるのは、自分の気持ちは外部の力に左右されると思い込むのをやめて、自分には変えられないことを穏やかに受け流し、人生のどうにもならない部分に心を乱されないようになったときだ。

言い換えれば、**このマインドセットは、あなたの状況を変化させる代わりに、あなたが状況をどのように受け止めるかを完全に変えてしまう**。

それは、意識を高めて、あらゆる瞬間に何を考え、どう感じるかを自由に選択できるようになる、心を解放するプロセスなのだ。

この章の冒頭のカリ・ウェルシュの言葉を改めて見てほしい。

「もしあなたが望むなら、人生を憎み、世界に怒りを抱く理由を100万個見つけることができる。あるいは人生を愛して幸せになる理由を、100万個見つけることもできる。

賢く選択せよ」

幸せになる許可を自分に出す

想像してみよう。異なる2人が、同じような悲劇に耐えている。

1人は惨めで苦しみ、人生がいかにひどいかについて不平を言っている。

もう1人はまったく動じず、心から幸せで、生きているという恵みに感謝している。

同じ状況にもかかわらず、物ごとの捉え方が根本的に異なるために、人生経験が大きく異なっている。あなたはどちらを選ぶだろう?

自分にも選択肢があることに気づいているだろうか?

いずれかを選択できるとしたら、ほとんどの人は、心から幸せで、生きているという恵みに感謝する方を選ぶだろう。僕たちは誰でも、もっと幸せになりたい、もっと穏やかで充実した人生を送りたいと望んでいるものだ。

しかし残念なことに、**ほとんどの人は無意識のうちに、他人や出来事や状況や過去など、外部の力に自分の気持ちの決定権があると思い込んでいて、幸せになる許可を自分に出せない。**穏やかで充実した経験が続くことを自分に許さないのだ。

その結果、ほとんどの人はストレスや恐怖、不安や怒り、罪悪感や恥、恨みや憎しみ、その他の感情的な苦痛にさいなまれ、本当はいつでも得られるはずの平穏や愛、喜びや感謝、自信や幸福や恵みを逃してしまっているのだ。

あなたの「内なる自由」は誰にも奪えない

僕たちは本来、物事の受け止め方を自分で決める自由を持っている。

それにもかかわらず、ほとんどの人は、外部の状況に左右されてしまう。

仕事に遅刻したり、パートナーと喧嘩したり、顧客から怒りのメールを受け取ったりするだけで、気分が影響されて、1日を台無しにしてしまうほどだ。さまざまなレベルの感情的苦痛、不安定さに苦しみ続けている。

しかし、どんなに困難な状況であっても、心の自由はすべての人に与えられている。そう教えてくれる人物が、歴史上に数多く存在している。

精神科医で作家のヴィクトール・フランクルは、著書『夜と霧』で、1942年に家族とともにテレージエンシュタット強制収容所に送られ、そこで父親が亡くなったと記している。そして1944年に、フランクルはアウシュビッツに連行され、さらに別の収容所へ。妻は彼とはまた別の強制収容所へ送られ、亡くなった。フランクルは飢えと睡眠不足と精神的拷問という過酷な状況下で、すべてに耐えた。

フランクルが体験したことは、ほとんどの人が経験したことのない恐ろしいものだったことは、誰もが認めるだろう。ただし、フランクルは心理学者としての研究を生かして、どんな状況でも人生の意味を見出すことができた。

どうやって?

彼は、環境や身体の自由は他人にどんなに制限されていても、人間は「内なる自由」に意識を向けることができると気づいていた。死と破壊の中であっても自分の人生を自分の自由に経験することを選べるのだ。フランクルはこう述べている。

「人間からあらゆるものを奪うことはできても、ひとつだけ奪えないものがある。それは、人間の最後の自由――与えられた状況で自分の態度を選択する自由だ」

「内なる自由」は、状況を変えることによってではなく、状況をどのように経験するかを自分で選択することによって実現する。

あなたの人生の「過去・現在・未来」がどれほど困難であったとしても、あなたには常に、それぞれの瞬間をどのように経験するかを選択する自由があるのだ。

人生のどこに光を当てるかは、自分で決めればいい

僕が19歳のとき、メンターのジェシーが、自分の幸福に全責任を負い、自分の感情を他の誰かや何かのせいにしない方法を教えてくれた。

「幸福は選択できる。幸せかどうかは自分が選ぶことだ」

このことは、僕にその後待ち受けていた想像を絶する逆境に立ち向かう準備をする上で、とくに貴重なものとなった。

あなたはどう思うかわからないが、僕は最初にこれを聞いたときに耳を疑った。僕の理解は「人生で物事がうまくいっているときは幸せを感じる。物事がうまくいっていないときは幸せを感じない」というものだったからだ。そう考えるのが普通じゃないだろうか。

後に彼は、「人生には基本的に、どちらに意識を向けるかを選べる二つのページがある」と説明してくれた。

片方のページには、嫌な気持ちになるすべてのこと（課題、恐怖、後悔、身体の痛み、過去のトラウマ、嫌いな人……まだまだ続く）が書いてあり、もう片方には、当たり前だと思っていること（健康、生活、現在の瞬間、頭上の屋根、愛する人々、食べ物、神や自然とのつながり……こちらも延々と続く）が書いてある。

地球上のすべての人間は、両方のページにアクセスできる。想像を絶する苦痛や悲劇に苦しんでいる人も、ラクで恵まれているように見える人も平等だ。

重要なのは、**どちらのページに意識を向けるかで、人生が大きく変わること**だ。

社会では「成功者」とみなされ、欲しいものを望むままに所有しているように見える人々が、実際には惨めな人生を送っていることがある。貧困ライン以下で暮らしている経済的に厳しい状況にある人たちが、その生活をありがたく受け止めて、笑顔で暮らしていることもある。

人生について絶えず不平を言い、それを正当化する知り合いはいないだろうか？　こんな反論を聞いたことは？

「私は否定的になっているのではない。現実的になっているだけだ」

本当にそうだろうか？

ジェシーは正しかったのだ。**幸福は選択できるものであり、人生のどちらのページに意識を向けるかで、たいていの場合は、幸せかどうかは選びとることができる**のだ。

僕は20歳のとき、飲酒運転の車との正面衝突事故に遭い、かろうじて一命をとりとめた。昏睡から目覚めたとき、人生でもっとも困難な時期を耐えながら、今が一番幸せだと、最高に感謝できるように努力しよう、と意識的に決意した。

ジェシーが教えてくれた力強い考え方を、僕はまさにそのときに実行することができた。

自分の状況をありのままに捉え、変えられないことをすべて受け入れた。

自分の人生で感謝すべきことを書き連ねたページにエネルギーと意識を集中し、同時に、望む結果を生みだすためにあらゆる行動を起こした。僕は、乗り越え難い逆境の一瞬一瞬を楽しむことができたのだ。

僕は自分の経験から、人生とは上り坂であり、予期せぬ困難があることを知っている。

しかし**楽しむか楽しまないかは、あなたが決めればいい**。

自分の状況をありのままに捉え、変えられないことをすべて受け入れ、「今が一番幸せ」と無限大に感謝しながら恵まれた人生を送るには、どうすればよいか。

そのために活用できるシンプルな3つのステップをお伝えしよう。

人生を楽しむABC

方式はシンプルだが、このマインドセットを自分にしっかりと植えつけるために、毎日のモーニングメソッドに組み込んでもいいと思うものを紹介しよう。

ほとんどの人がすぐに変化を実感でき、瞬間を体験する意識が変わるはずだ。数週間、早ければ数日のうちに、あなたの幸福感に劇的な影響を与え、以前なら精神的苦痛や不安定さの原因になっていた状況で、平静を保つ能力が格段にアップすることだろう。

毎日、小さなこと（渋滞にはまる、人と衝突するなど）で苦痛を感じたときに思い出すことで、大きなこと（経済的困難、健康上の問題、愛する人を失う、関係の破綻に耐えるなど）に対処するスキルが養われる。

A（Accept） 人生をありのままに受け入れる

人生では、嫌なことが起こる。遅刻したときに渋滞に巻き込まれる。子どもが学校で苦労する。パートナーの言動に苦しめられる。顧客が注文をキャンセルする。解雇される。深刻な病気の診断を受ける。愛する人が突然亡くなる……。

動揺して現実を拒絶し、現実が違っていたらいいのにと切に願うのは、人間の性だ。でも、現実を拒絶しても何も変わらない。ただ苦しんで、目の前の問題に建設的に反応できなくなるだけだ。

感情的になる原因は「現実への抵抗」なのだと理解しよう。そうすれば、解決策は、人生をありのままに受け入れ、現実と折り合いをつけることだとわかるだろう。

B（Be grateful）　一瞬一瞬に感謝する

あらゆることを「感謝のレンズ」を通して見てみよう。困難で、不快で、苦痛な瞬間を含む、人生のあらゆる瞬間を、感謝のレンズを通して解釈し、経験するのだ。

人生の好ましい側面に感謝することは有益だが、逆境に直面したときに心から感謝する方法を学ぶことはさらに有益だ。

「逆境に感謝するなんて」と意外に思うかもしれないが、あらゆる逆境は、学び成長するチャンスだ。**人間力がアップする最大のチャンスは、もっとも困難で苦しいときに与えられることが多い。**

C（Choose）　最適な意識を選択し続ける

感情はつかの間であり、長く続かない。ところが意識というものは、奥底に流れ続けているものであり、あなたはこの意識下で人生のあらゆる瞬間を体験している。

あなたが渋滞中の道路で誰かに割り込まれたとしよう。その瞬間の怒りはコントロールできないかもしれないが、あなたが次の瞬間に、「何に意識を向けて、どんな意識の状態でい続けるか」を選ぶことは可能なのだ。

たとえばあなたは「共感」の意識を選ぶとしよう。すると、「その人はケガをした我が子に会うために病院へと急いでいたのかもしれない」「仕事を解雇されたばかりかもしれない」あるいは、「単にあなたに気づかなかったのかもしれない」、という新しい解釈ができる余裕がうまれる。

理由が何であれ、起きたことを変えることはできない。

あなたに選べるのは、それぞれの瞬間をどのような体験にするかだけなのだ。

ステップA　5分ルールで「人生をありのままに受け入れる」

予想もしなかった課題や逆境に直面して、動揺して「現実が違っていたら」と思うとき、基本的に二つの選択肢がある。

- 無意識のうちに現実に抵抗し続け、もし状況が違っていたらと考えることで、感情的苦痛、不安定さを継続的に経験する。
- 意識的に人生をあるがままに受け入れ、変えられないことに折り合いをつけ、変えられる部分に意識を集中し、人生のあらゆる瞬間をポジティブに経験する方を選ぶ。

僕が19歳でセールスの仕事を始めたとき、メンターから学んだもう一つの教訓は、「セールスという職業は人生の縮図であり、逆境が増幅される」ということだ。「ほとんどの人がたまにしか経験しない困難（失敗、拒絶、失望など）をほぼ毎日経験するだろう」と僕は説明を受けた。

そんな困難の中でメンタルと感情をうまく管理するために、彼は僕に強力な戦略を教えてくれた。彼自身が今日まで使っているという**「5分ルール」**だ。

まず**「タイマーを5分間セットしなさい」**と教えてもらった。その間は愚痴や不平を言ったり、泣いたり、不満を爆発させたり、自分を憐れんだり、どんな感情的な反応にふけってもOK。ただし5分後にタイマーが鳴ったら、起こったことを受け入れて先に進む。

また、タイマーが鳴ったときに、次の言葉をつぶやくように、ともアドバイスされた。

「それは変えられない」

現実に抵抗し、違っていたらよかったのにと願い続けることには意味がない、ということを思い出させるためだ。

彼はこう説明した。「唯一の論理的な選択は、人生をありのままに受け入れ、自分のエネルギーと意識の100パーセントを、ただちに自分がコントロールできることに向けることだ」

僕は「5分ルール」を初めて知ったとき、「タイマーを設定したからといって、5分で乗り越えられるわけがない」と鼻で笑った。

しかし数日後、僕は初めての「連絡なしのドタキャン」を経験した。ある女性に商品説明を行う予定で、45分運転して彼女の自宅に到着したが、誰も家にいなかった。ドアに「申し訳ありませんが、セールスは不要です！」というメモが貼られていた。なんてことだ、信じられなかった。電話でアポをキャンセルするくらいの礼儀も示さないなんて。そのせいで僕は、はるばる彼女の自宅まで車を運転してきて、時間とガソリンを無駄遣いした。

車に戻って携帯電話をつかみ、タイマーを5分にセットし、こんなに遠くまで運転をさせて約束を破った非礼について考えた。時間をムダにし、別のアポを入れられなかったせいで失った収入について考えた。売り上げ目標を達成できないのではと心配した。誰に報告しようか、どうやったらドラマチックにこの事件を話せるだろうかと考えた。あなたにも身に覚えはないだろうか？

でも、突然、携帯電話のアラームが鳴り、僕はびくっとした。アラームを切って、「まだ腹が立つ！」と声に出した。5分では怒りを鎮めるには十分ではない、と思った。

それでも数週間、僕は「5分ルール」を試し続けた。失うものはないからだ。

すると驚いたことに、大きな効果が現れはじめた。

5分のタイマーが鳴ったら、深呼吸して「それは変えられない」とつぶやく。これはシンプルだが強力なリマインダーだった。

起こったことを変えることはできない。人生をありのままに受け入れ、前進するために行動を起こすしかないということが実感として受け入れられるようになったのだ。

怒りを感じたときはいつでも、携帯電話を取り出してタイマーをセットした。反射的に手が動くようになり、結果がついてきた。以前は5分以上動揺していたのに、**受け入れて穏やかな気持ちになるまでの時間がどんどん短くなってきたのだ。**

そして、大きな変化が起こった。「5分ルール」を使い始めて2週間後、僕はセールスのキャリアで最大の挫折に直面した。それは日曜日の夜だった。その朝、週の売り上げ目標額に2000ドル足りないことに気がついた。締めは月曜日の朝なのだが、1日で1000ドル売るのは大変なことであり、必要な2000ドルを日曜日のうちに売るのは無理だと思った。

しかし、その日の午後に2人のアポを入れることができ、最初の人は何も買わなかったものの、2人目が2300ドルを超える注文をしてくれて、その週の目標を超えたのだ。僕はメンターのジェシーに電話をして、興奮しながらこのニュースを伝えた。彼は、僕が目標を達成しただけでなく、この注文のおかげで今週の売り上げナンバーワンになったと教えてくれた。僕は大喜びだった。

次の1時間は、水曜日の夜のチーム会議のことを想像していた。ジェシーが僕を今週の売り上げナンバーワンだと発表してくれるだろう。僕は、手数料で稼いだお金をどう使おうかと考えた。

そして午後9時頃に僕の電話が鳴った。さきほどの注文をした女性からで、「夫が怒っていて注文をキャンセルしたい」という申し出だった。なんとか思いとどまってもらおうとしたが、彼女の決心は固かった。

ほんの数時間前、最高額の注文を喜び、目標を達成して、今週の売り上げナンバーワンになったというのに、そのすべてが消え去り、脳内で使い道を考えていたお金も入らない。完全にがっかりして電話を切り、反射的にタイマーを5分に設定した。

画面の秒数が減っていく間、僕は現実に抗って怒っていた。信じられない、彼女がキャンセルしたなんて！　最悪だ。愚かな夫め、僕の説明を聞いたら彼女と同じくらい商品を気に入ったはずなのに！　これが現実でなければいいのに……。

でもこれが現実だ。

そして、僕には変えることができない。

さあ、これからどうする？

僕にできる唯一の論理的な選択は、現実に抵抗するのをやめて、彼女がキャンセルしたことと、今週の目標を達成できなかったことを受け入れ、自分にコントロールできることだけに集中すること。つまり、明日の朝起きて、電話をかけてアポを取ることだ。

僕は深呼吸し、息を吐きながら声に出して「それは変えられない」とつぶやいた。緊張が和らぐのを感じ、携帯電話を取り出して5分間のタイマーを見た。

残り4分32秒。

そこで僕は思った。**「あと4分半も動揺したままでいる意味なんてない。今、現実を受け入れれば、穏やかな気持ちになって先に進むことができるのに」**

タイマーをオフにして、ほっと一息つくと、エネルギーが湧きあがってきた。**僕は自分の内面をコントロールできるようになったのだ**。まるで超能力を得たような気分だ。人生に起こるどんなことも受け入れ、抵抗するのをやめ、すぐに心穏やかになれる能力を、僕は備えている。

現実に抵抗して自分を動揺させるか、現実を受け入れて完全に心穏やかでいるか。選択は明らかだ。「5分ルール」を始めてわずか数週間で、「5分では時間が足りない」から「5分も必要ない」に変化したのだ。

「5分ルール」を使うと、感情を味わう余白を自分に与えてから、受け入れる時点に到達できる。

最終目標は、現実に抵抗するのをやめ、人生をあるがままに受け入れることだ。変えられないことに長期間こだわらず、自分に余裕を与えることができる。

これは強力なツールだ。誤解のないように言うと、これは本当に変えられないもの（過去、他人、直接制御できない世界的問題など）にのみ適用される。ニーバーの「平安の祈り」のように、「神よ、変えられないものを受け入れる平静さ、変えられるものを変える勇気、その違いを知る知恵を私に与えてください」ということだ。

人生をあるがままに受け入れるということは、人生を良くすることをあきらめることではない。まったく逆だ。

動揺しているときは正しい選択をするのに最適な精神状態ではない。**穏やかなときには、思考は明晰で、冷静な決断を下すことができる。**

常に人生をあるがままに受け入れると、自分に変えられることにエネルギーを集中することができる。「それは変えられない」と本気で言える境地に到達するのが早いほど、心の解放が早まり、「内なる自由」が得やすくなるのだ。

ステップB 苦しみから解放されるために「一瞬一瞬に感謝する」

「あなたの人生で最高の瞬間について教えてください」

そう頼まれたら、あなたはどう答えるだろう？

おそらくあなたは記憶をたどって、初めての子どもの誕生の瞬間、結婚式の日、重要な目標を達成したとき、または初めて一生に一度の体験をした瞬間など、特別な出来事や達成を思い出そうとするだろう。それは、体験中または体験後のポジティブな感情と相まって、あなたにとって「最高の」瞬間だと認識させる重要な出来事であり、深く感謝したくなる瞬間であるはずだ。

一方で、人生で最高の瞬間は過ぎ去り、二度と経験することはできないと思うと、少し悲しくなるかもしれない。

でも、待ってほしい。人生で最高の瞬間は、外部の条件や一回限りのイベントに限らないとしたらどうだろう。

それは、**誰かからもたらされたり、偶然やってくるものではなく、意識的にあなたが生み出せるもの**だとしたら？

人生で最高の瞬間は、目の前の瞬間を経験して感謝する深さによって決まるとしたら、どうだろう？

あなたは、この先のさまざまな瞬間を、人生で最高の瞬間として経験することを自分で選べるのではないだろうか？

昨日、僕は10歳の息子と裏庭でウィッフルボールをした。遊んでいる間、圧倒的な感謝の気持ちが湧いて「これは人生で最高の瞬間だ」と心に焼きつけた。そのとおりだった。

今朝のモーニングメソッドでは、感謝していることを書き留め、感謝の気持ちで10分間瞑想した。「これは人生で最高の瞬間だ」と感じたことを心に焼きつけた。

人生で最高の瞬間は、他の瞬間と競うものではない。人生最高の瞬間は個別に存在し、何度でも繰り返し体験することができる。何を経験しているかに関係なく、**その瞬間に没入し、深く感謝することが大切なのだ。**

現実を受け入れることが「内なる自由」への扉を開く鍵だとすれば、**感謝は「持続的な幸福」への扉**だ。あなたは毎日、その扉をくぐり抜けるだけでいい。

理想的には、朝一番と寝る直前、その間にもできるだけ多くの感謝の時間を持つといい。**感謝していることに意識を向けると、気分が良くなる。**

あなたは、1日のうちで感謝する時間はどのくらいあるだろう。逆に、1日のうち、嫌いなことや嫌いな人、将来起こるのではないかと心配していることについて、動揺したり不満を言ったりして過ごす時間はどれくらいあるだろう。

マイケル・J・フォックスは、最近のインタビューで、悪化し続けるパーキンソン病と共に生きることが、いかに困難で耐えがたいかについて語っている。

「これがどれほどまでに、人々にとって、そして私にとって、難しいことか理解しているつもりだ。しかし、私にはスキルがある。だからできる。感謝の気持ちがあれば、楽観主義を続けることは可能だ。感謝できる何かを見つけることができれば、楽しみにできる何かを見つけることができ、前進することができる」

繰り返すが、人生でもっとも困難で苦しい時期こそが、学び、成長し、進化する最大のチャンスだ。

「小さな感謝」は、何らかの肯定的な出来事や状況によって生まれる一時的な「感情」かもしれない。一方で、「大きな感謝」が意識そのもの（つまりあらゆる経験を通すレンズ）になると、これは革命的だ。

僕は、想像を絶する人生の危機に直面したときに、この区別がいかに重要であるかを実感した。

37歳のとき、僕は夜中に呼吸が苦しくなり、目を覚ました。左肺に水がたまり、心臓と腎臓が機能不全に陥ったのだ。さまざまな病院に何度も通い、救急室で夜遅くまで過ごし、肺から7回も水を抜き、医師に大いに混乱させられた後、僕はようやくMDアンダーソンがんセンターに行き着いた。

診断は、非常にまれで極めて悪性のがんである急性リンパ性白血病だった。生存率は20〜30％で、数週間以上生きられる可能性すら厳しいという。僕にはその当時、妻と7歳の娘と4歳の息子がいた。死亡確率が70〜80％だという通告はあまりにも恐ろしく、悲痛だった。

僕は考えに考えた結果、これまでの逆境を乗り越えるために学んだ人生の教訓に立ち返った。そして妻にこう伝えた。「僕がこのガンを克服する20～30％のうちの1人になる可能性は100％だと決めた。この先の治療過程のあらゆる段階で、これを揺るぎなく信じ続けるつもりだ」

僕は、人生をありのままに受け入れ、それと折り合いをつけることを決意した。そうすることで、心から感謝し、前向きで積極的な考え方を維持するために必要な余裕が生まれたのだ。

同時に僕は、不平を言ったり、自分を憐れんだりすることを拒み、自分史上最高の感謝の気持ちを持つことを意識的に選択した。そして、あらゆる瞬間に心から感謝することを選択できると気がついた――困難で苦しい瞬間も含めて。

そんな様子を捉えた実際の映像がある。僕のウェブサイトにあげたドキュメンタリー映画『The Miracle Morning』に、僕が号泣している場面がある。看護師が誤って僕の脊椎の神経に化学療法薬を注入し、片頭痛が止まらなくなり、11日間連続で拷問さながらの痛みに苦しんでいたときのものだ。耐え難い痛みにもかかわらず、僕はカメラに向かってこう言った。

「どれほど大変であっても、僕の考え方は変わらない。つまり、僕はこれらすべてに感謝している。なぜなら、人生が困難であればあるほど、学び、成長し、これまで以上に優れた人間になれるからだ。そして、学んだことや成長したことを使って、他の人に変化をもたらせる機会が増えるからだ」

逆境の真っ只中にあっても意識的に感謝することを選ぶと、逆境は力を失う。

僕は、650時間を超える毒性が強いと同時に命を救う化学療法（抗がん剤）と、数え切れないほどのホリスティック療法を経て、現在はありがたいことに寛解状態にあることを嬉しく思っている。

信じられないほどの困難にもかかわらず、この経験は最終的に、父親・夫・人間として成長する最大のチャンスとなった。この経験からは多くの貴重な教訓を得たが、なかでもとくに際立っている教訓がひとつある。

「感謝は苦しみから解放してくれる」ということだ。

人生が困難で苦しいときにこそ、「大きな感謝」を持つことが重要なのだ。

もっとも困難で不快で苦痛な瞬間も含めて、人生のあらゆる瞬間を感謝のレンズを通して解釈することができれば、あなたの人生にも革命がおこるだろう。

ステップC　毎日成長するよう「最適な意識を選択し続ける」

感情は一時的でつかの間のものだが、意識は奥底に根付いて流れ続けているものだ。だから、感情が変化しても意識は簡単には揺らがない。

たとえば、「心の平穏」は意識の状態だ。意識を高めて平穏に調整すれば、不安な出来事で気持ちが動揺しても、意識の状態は変わらない。それでもフラストレーションや怒りや悲しみなどの感情を経験するかもしれないが、すぐに平穏な状態に戻ることができるため、長くは続かない。

同様に、「感謝の意識」をデフォルトに設定すると、人生で困難な時期に直面しても、自分が持っているあらゆるものに感謝の気持ちを持つことができる。

一方で、あなたのデフォルトの意識の状態が「恐怖」であれば、不安な出来事を「恐怖の意識」の中で経験するため、恐怖が増幅する。私たちは、自分が恐れているものに自然に抵抗する。

理想の意識を保つには、ベスト体重を維持する運動と同じで、理想に到達するまで何か月も毎日の練習が必要になるかもしれない。

最適な意識の状態を保って、逆境を優雅に乗り越えられる日は、僕は「勝った」と感じることもある。

僕が苦しんでいるとき――意識レベルが低下して、メンタルがざわつく瞬間――は、単にゲームに負けたのだと見なして、翌朝目覚めたら新たな気持ちで新しいラウンドをプレイする。

もちろん手こずることもある。

とりわけ最初のうちは、プレイの方法を学ぶのが難しいかもしれない。

しかし、**あなたは絶対にこのゲームに負けることがない**。今日1ラウンド負けたとしても、ゲームを続ける限りは、プレイするたびに学習して成長し、どんどん良くなっていくのだ。

毎日の繰り返しが、最適な意識を設定し、それがデフォルトの意識になる。

究極の目標は、人生のあらゆる瞬間に、心の平安と愛と感謝、揺るぎない自信と意欲と集中力をすべて合わせた深い意識の状態でいられるように、自分を鍛えることだ。

意識をレベルアップさせることは、1回頑張れば終わるイベントではない。

体力の向上のために継続的なトレーニングが必要なのと同じで、**進化するためには継続的な実践が必要なのだ**。

理想の人生を送るたった一つの方法

理想の人生は誰にでも手に入る。

ただし、起きたことをありのままに受け入れ、一瞬一瞬に感謝し、最適な意識の状態を選択する意志のある人だけに与えられる人生だ。

僕は、人生はときに困難で苦痛の連続になるということを、身をもって知っている。

でも、一瞬一瞬をどのように解釈して経験するかを選択できることも知っている。

僕たちはみな、人生でもっとも困難な時期を耐えながらも、心穏やかに自分史上最高の幸せを味わうことができるし、最大の感謝を送ることもできる。今の自分に平和と感謝を感じることを許可しないのなら、将来が変わるとどうして思えるだろう？

もう一度言う。

どんなことが起ころうとも、生きているすべての瞬間をどのような体験にするかは、自分で選ぶことができる。

心穏やかでいることを。

感謝することを。

幸せになることを。

恵みを受けて生きるこの人生のすべての瞬間を楽しむことを。

あなたは理想の人生を生きることを選ぶことができるのだ。

この章の要点をまとめた短いアファメーションを作成し、巻末に載せた（付録3）。幸せに生きるためのコツをまとめたものなので、参考にしていただけたら幸いだ。

おわりに——今日を、「過去の自分」を手放す日にしよう

毎日、目覚めたらこう考えなさい。今日も目覚めて生きることができて、私は恵まれている。人として貴重な人生を送ることを、無駄遣いはしない。私はすべてのエネルギーを、自己の成長と、他者への思いやりに使うことにする。できる限り人の役に立つのだ。

——ダライラマ14世

ものごとは変わらない。変わるのは私たちだ。

——ヘンリー・デイヴィッド・ソロー

あなたが今いる場所は、「過去の自分の結果」である。

しかし、最終的にどこにたどり着くかは、今この瞬間からのあなたの選択にかかっている。

あなたの時間の使い道は、あなたが決めることができる。

自分が望む幸福、健康、富、成功、愛情を手に入れるのを先延ばしにするのはもうやめ

よう。

僕のメンターであるケビン・ブレイシーは「偉くなるのを待ってはだめだ」が口グセだ。人生を向上させたいのなら、まずは人間として成長しなければならない。

モーニングメソッドをさっそく明日から始めよう。そうすれば、人生の望みをすべて叶えられる人物に成長できるし、他の人が同じようになる手助けをすることができる。

世界に幸せな人を増やす

僕がモーニングメソッドを始めたとき、それは利己的な追及だった。経済的に苦しんでいて、解決策が欲しかったのだ。他の人のことは考えていなかった。

しかし数年が経過し、とりわけ親になってからは、モーニングメソッドをすることが自分のためと同じぐらい他の人のためにも大切だと気づくようになった。

毎日を6つの習慣で始めることが、良い父親、良い夫、そして良い人間になるのを助けてくれる。忍耐強く、愛情深く、意識的になれる。

たとえば僕は、重要な人間関係ごとに〈アファメーション〉を作成している。

「最高にかっこよくて楽しいパパ」のアファメーションは子どもたちに懸命に尽くすことを思い出させてくれるし、「ウルスラの理想の夫」のアファメーションを毎日唱えて、妻を愛情深くいたわることを確認している。これ以外にもアファメーションをつくっていて、すべての人に最適に尽くすのに役立てている。

自分史上最高の自分になることが、他の人にどんな影響を与えるか考えてみよう。さらにもっと大きなスケールで、世界中の何百万人もの人が同じことをしたら、世界がどうなるかを想像してみてほしい。

冒頭の言葉を覚えているだろうか。モーニングメソッドの使命は、１００万人の人生を変えること。妥協して生きる人生ではなく、理想の人生に向かって全力で楽しむ人を増やすこと、だ。

本書を手にとってくれたあなたにも心から感謝したい。

自分の可能性を最大限発揮して幸せに生きる人が増えたら、きっと世界はもっと幸せな場所になれる。

一緒に、人生をもっともっとよくしていこう。

愛と感謝を込めて　ハル

巻末付録

あなたへの4つのプレゼント

巻末付録 1

モーニングメソッド・スタートキット

STEP 1 「人生の円グラフ」のワークシート

誰でも人生のすべてのカテゴリーで「10点満点」の人生を送りたいものだ。

まずは、今の立ち位置を正確に査定しよう。

円の中心を「ゼロ」として、1から10で、各カテゴリーの現在の成功度と満足度を評価し、「ゼロ」からあなたがつけた点数までに色をつける。

完成した円を見れば、うまくいっているカテゴリーと、これから意識を向けるべきカテゴリーがはっきりとわかるはずだ。

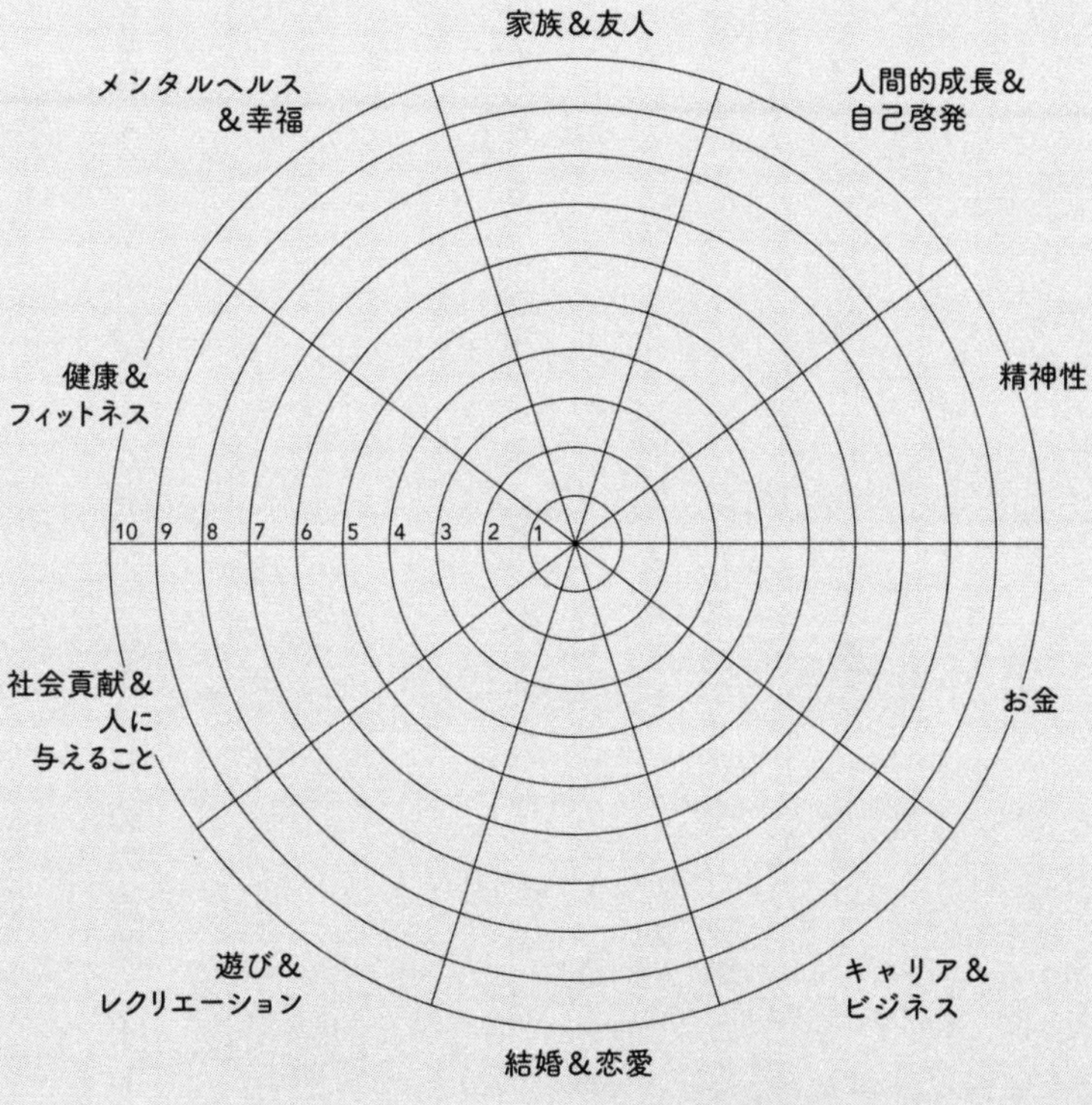
家族＆友人
人間的成長＆
自己啓発
精神性
お金
キャリア＆
ビジネス
結婚＆恋愛
遊び＆
レクリエーション
社会貢献＆
人に
与えること
健康＆
フィットネス
メンタルヘルス
＆幸福
10
9
8
7
6
5
4
3
2
1

STEP 2　やるべきことを明確にするための質問シート

次の5つの質問についてじっくりと考えて、答えを記入する。このプロセスを注意深く行えば、次のステップから得られるものがさらに大きくなる。

Q1

人生で感謝していること、もっと感謝すべきことはなんだろう？

物事の「悪い面」にフォーカスして文句を言ったり落ち込んだりするか、それとも「良い面」にフォーカスして感謝することに時間を費やすか。どちらに意識を向けるかで、その人の内面のクオリティが変わってくる。感謝する回数を増やし、困難な出来事でさえ成長や学びの糧として扱うことができれば、もっと幸福を感じられる。あなたが今、感謝できること、もっと感謝すべきだと考えられることを書き出してみよう。

Q2

人生で改善したいこと、変えたいことは?

もしも奇跡が起きて、明日の朝何かが変わっているとしたら、どこを変えたい? 健康になりたい? 仕事で成功したい? 体型をスリムにしたい? ストレスを減らしたい? お金がほしい? どんなことでもOK。具体的に書いてみよう。

Q3

「理想の人生」を阻んでいる「恐れ」とは?

多くの場合、人生を新たなレベルに引き上げるのを阻むのは、心の奥にある「恐れ」だ。成功したら友人関係が変わるかもしれないと思ったことは? 正直な気持ちで、自分の不安や恐れや疑問を書き出してみよう。自分が成功することで、失うと思っているものはなんだろう?

Q4

「理想の人生」を手に入れるために、身につけるべき信条は?

信じることは、すべての人間が持つこの世でもっともパワフルでクリエイティブな力。だから、理想の人生を生きるために大切にしたいことをしっかり決めておくことが大切だ。

あなたは、何を大切にして生きたいと思うだろうか?

Q5

なぜあなたは、「今すぐ」人生を「絶対に」変えなければならないのか？

これは、僕にコーチングを希望する人全員にしている質問だ。なぜ今、人生を変える決心をして行動に移そうとしているのか。その理由を明確にすることで、覚悟を決めるのだ。

あなたがこれ以上妥協して生きたくないと思ったきっかけはなんだろう？

STEP 3　あなたのアファメーション

あなたオリジナルのアファメーションを作成しよう。

「結果重視のアファメーション」をまずは一つ作成しよう。269ページの人生の円グラフから、今後30日間で大きく変化・改善したい分野を一つ選び、以下のシートに記入しよう。その後、別の分野についても、このフォーマットのコピーを使ってアファメーションを作成していくといい。

人生を変えるモーニングメソッド式　アファメーション作成の3つのステップ
ステップ1：あなたがコミットする対象を決める
ステップ2：なぜそれが必要であるのかを書き出す
ステップ3：「どの」アクションを「いつ」実行するかを書き出す

オリジナルアファメーション

▶人生の分野（例：健康、お金、結婚、子育て、etc）

____

▶私は、絶対にぶれることなく（目標 / 結果または習慣 / 行動を記入）____________________________

__________にコミットします。

▶人生にこれが必要な理由は（重要な理由を具体的に書く）

____

____

だからです。

▶コミットを徹底するために、私は次の行動を以下の日時に予定して実行します（アクションと行う日時を具体的に書く）。

____

____

____

巻末付録 **2**

就寝前のアファメーション

僕は毎晩、寝る前に「就寝前のアファメーション」を読み、至福の眠りに向けて心と身体を準備し、幸せな気持ちで眠り、活力と希望を感じながら目覚めている。ここに一例として載せておこう。

その1

モーニングメソッドに必要なすべてのもの（本、日記、トレーニングウェア、水）と、明日の準備をすべて完了しました。また、目覚まし時計を部屋の反対側に移動しました。ベッドから出たほうが、ラクに目を覚ませるからです。

その2

私は午後　　時に就寝し、午前　　時に起床します。約　　時間の睡眠がとれます。これで十分です。なぜなら、目覚めたときの気分は、今の気持ちによって左右されるからです。眠りにつくのにどれだけ時間がかかっても、エネルギーに満ち、ワクワクし、理想の人生を叶えたいという気持ちで目覚めます。なぜなら、私と私の愛する人たちは、それを得るのにふさわしい人間だからです！

その3

明日はモーニングメソッドのために時間通りに起きます。そうすることで、人生の望みを叶えるのにふさわしい人間になります。６つの習慣で1日を始めることで得られる効果を十分に認識しているので、前向きな期待とワクワク感で朝を楽しみにしています。エネルギーと熱意を持ってベッドから飛び起きます！

その4

今の私の唯一の目的は、至福の眠りのために心と身体を準備することです。だから、ストレスの多い考えをすべて手放すことを自分に許可します。今は、自分の問題を心配したり、解決しようとしたりする時ではありません。今この瞬間は完璧です。私は安全です。私はベッドで心地よく過ごしています。何も心配することはありません。考えが浮かんできたら、感謝に意識を向けて、感謝の気持ちで心を落ち着かせます。そうすれば、至福の眠りを促す穏やかなメンタルと気持ちにとどまることができます。

巻末付録 3

最高の人生のためのアファメーション

A 人生をありのままに受け入れる

私は、人生をありのままに受け入れ、自分ではどうにもできないあらゆることに心穏やかでいることを選択します。人生に起きることを常にコントロールできるわけではありませんが、それぞれの瞬間をどのように経験するかは、私が常に自由に選択できます。

意識の抵抗を克服し、人生をありのままに受け入れるために、「5分ルール」を適用します。タイマーが鳴ったら、「それは変えられない」とつぶやきます。そうすることで、「内なる自由」を体験できます。受け入れることは「内なる自由」への扉を開く鍵です。

穏やかに受け入れることは、必ずしも自分がそれに満足していることを意味しません。それでも、平和な意識は、どんな感情よりもはるかに強力で持続可能な意識の状態です。平和は感情的に中立であり、その状態から、「幸せや感謝や自分に役立つ他の意識の状態」を選択できます。

B　一瞬一瞬に感謝する

現実をあるがままに受け入れることを選択し、「内なる自由」の状態で平和を体験できるようになったら、私は、単に受け入れるだけではなく、その先へと進むために、一瞬一瞬に心から感謝することを選びます。

「感謝のレンズ」を通じて物事を見ることで、困難な瞬間も含め、人生のあらゆる瞬間を経験し楽しむことができると理解しています。困難な出来事に耐えているときでも、前向きな心構えで逆境に立ち向かい、克服することで得られる教訓と成長に感謝することを選びます。それにより、さらに優れた有能な自分になることができます。感謝は幸福への入り口であることを忘れません。

C　最適な意識を選択し続ける

感情は衝動的で一時的なものですが、意識は根底にあり続けるものです。罪悪感や恥、恐怖や怒りなどのネガティブな状態にしがみつくと、不必要に苦しんでしまい、愛や幸福や平和、感謝や喜びなどの状態を逃してしまいます。

私が選択する意識のデフォルトは「内なる自由」です。自分に変えられないものを穏やかに受け入れて、生きている瞬間をどのように経験するかを選択できるようになります。

何が起こっても、困難または苦痛であっても、私は穏やかに感謝の気持ちを持つことを選択し、私が生きる恵みを受けたこの人生を楽しみます。これが私の「最高の人生」です。

巻末付録 4

スペシャル・インビテーション

モーニングメソッドを実践する仲間とつながり、サポートを受けられたらどうだろう？わからないことを質問したり、みんながどのように実践しているのかを見て参考にすることができないか？

そんなあなたをミラクルモーニング・コミュニティに招待させてほしい。

僕と両親と友人5名で始まったフェイスブックのグループは、今や100か国以上の30万人のオンラインコミュニティへと成長した。いつでも自由に参加でき、メソッドを始めたばかりの人も、何年も実践してきた人たちも、喜んでアドバイスやサポートをして、あなたの成功を加速させるお手伝いをしてくれるだろう。

本書の著者として、僕は全員が集える場所——つながり、質問をし、うまいやり方を共有し、サポートし合い、責任パートナーを探し、スムージーのレシピやエクササイズのルーティンまで教え合う――をつくりたいと思った。

あなたも、モーニングメソッドを実践する仲間たちとつながることができる。

やり方は、フェイスブックをひらき、The Miracle Morning Community から「参加」をリクエストするだけ。僕も定期的に（ほぼ毎日）訪れてコメントを投稿したり投稿者のコメントに反応したりしているので、皆さんに会えるのを楽しみにしている！

さらにモーニングメソッドを始めるにあたり、活用できるリソースがあと二つある（両方とも無料）。ミラクルモーニング・ルーティンアプリと、映画『The Miracle Morning』だ。

ミラクルモーニング・コミュニティのメンバーからもっともリクエストが多かったリソースが、モーニングメソッドの実践を記録できて持続と責任をうながしてくれるモバイルアプリだった。

追加機能には、作文プロンプト機能のついた日記機能、アファメーション・クリエーター、カスタマイズできるタイマー、それからオプションで6つの習慣（サイレンス、アファメーション、イメージング、エクササイズ、リーディング、ライティング）を音声で誘導してくれる機能があり、「再生」ボタンを押して流れに従うだけでモーニングメソッドを完了できるようになっている。iPhoneでもAndroidでもMiracleMorning.com/appからアプリが入手可能だ。

6年にわたって撮影された映画『The Miracle Morning』は、本の内容を超えて、人々が毎朝、どのように人生を変えていくのかを紹介した感動的な長編ドキュメンタリーだ。世界的に有名な作家、医師、科学者、起業家、プロスポーツ選手の自宅での取材を通じて、生産性が抜群に高い人の1日の始め方について明らかにする。

また、僕の人生最悪の時期のひとつにもフォーカスしている。

撮影を始めて2年目に、僕は思いがけずに希少がんの診断を受け、生存率は20~30%だと告げられた。僕の心の在り方を捉えるために、監督はカメラを回し続けた。そして、僕ががんを克服するために使ったホリスティック医学のアプローチも、がんや他の病気と闘っている人の励みになることを願い、映像に収めている。MiracleMorning.com/movieから拡張版トレーラーが視聴でき、長編映画を観ることができる。

現時点で、アプリは4・9から5・0の評価、映画は4・6から5・0の評価をつけてもらっている。この無料のリソースがあなたにも役立つことを願っている!

訳者あとがき

『人生を変えるモーニングメソッド』は、「朝」を使って「人生を変える」方法を紹介した本です。

何か新しいことを始めたい人、やりたいことがあるけれど忙しくて時間がない人、すでに「朝活」をしているけどイマイチ効果が感じられない人に役立ててもらえる、朝時間を最大限に活用するためのコツとアドバイスが詰まっています。

具体的なノウハウはもちろん、「自分を変えるためには、あれこれ考えているより行動することが一番大切」という本質にフォーカスした著者の言葉は、モチベーションを高めてくれることでしょう。

ライフ・ビジネスコーチの著者が開発した「モーニングメソッド」は、ネットの口コミでたちまち広まり、評判になりました。そのノウハウをまとめた自費出版の書籍がアメリカで発売されると、たちまちベストセラー1位を獲得。その効果を実感した人が周囲に勧めるという好循環が広がり続け、今や37の言語に翻訳出版され200万部のベストセラーになりました。日本でも刊行されて以来、数多くのＳＮＳで話題になり、ロングセラーを続けています。

著者ハル・エルロッドは、20歳のときに交通事故で11か所を骨折し、脳に修復できない損傷を受け、二度と歩けない可能性が高いという診断を受けました。

しかし、懸命なリハビリと強い意志の力で勤務先に復帰し、営業成績で社内記録を更新。独立してから、さまざまな困難を克服した経験を活かして、人の役に立つことに人生を捧げています。「モーニングメソッド」を活用して収入を大幅アップさせたのみならず、走ることへの抵抗感を克服し、通常の2倍の距離を走るウルトラマラソンを完走しました。

その著者が、「僕を変えたのは、朝のすごし方だ。あなたにもできる」と自分が開発したメソッドを惜しみなく紹介しているのが本書なのです。

著者自身、そもそも早起きは苦手だったそうですが、意外にも著者を成功に導いたのがこの「早起き」でした。やること自体はとても簡単で、誰にでも取り組みやすいということ、そして、なにより続けるためのシステムがよくできていることが、多数の人に支持されている理由でしょう。

また、多くの人が新しいことをスタートできないのは、「思い込み」や「苦手意識」があるからとし、その克服法についても、著者の実体験をまじえながら段階を踏んで書かれています。

そして本書は、著者自身が「モーニングメソッド」を活用する人たちの声を聞き、新たな学びや、新しい教訓をたっぷり取り入れた新バージョンです。

読者からのフィードバックや要望を参考にし、希少がんを克服した体験から得た貴重な気づきも糧にして、すべての章に加筆し、新しく2つの章、「11章：至福のベッドタイムのためのイブニングメソッド」と「12章：自由になる——最高の人生は今日から始まる」を加えてあります。最高の朝を迎えるための夜の過ごし方のコツと（11章）と、マインドセットの整え方（12章）は、自己成長をさらに加速させるヒントになることでしょう。

さまざまな試練を乗り越えてきた著者は、「起こった出来事には意味がある。しかしどの『意味』を選び取るかを決めるのは自分だ」と断言し、「不運をなげくことに時間を使うより、明日を変えるために時間を使おう」と励ましてくれます。

飲酒運転のトラックにより引き起こされた事故で、一度は心肺停止にまでなった著者がいうこれらの言葉には、現在どんな境遇にある人でも、励まされる思いがすることでしょう。

著者自身の力強い名言があふれているのも本書の魅力です。「僕のどん底の経験をあなたの成功に役立ててほしい」という願いのこもったアドバイスの数々は、読む人の背中を押し、明日を変える力となります。

理想の人生を手にするために、本書を活用していただけたら幸いです。

鹿田　昌美

※本書の参考資料をＰＤＦファイルにしたものを、左記のＵＲＬよりダウンロードできる。必要な人は見てほしい。

https://www.daiwashobo.co.jp/news/n113508.html

※本書では、心拍数を上げることなどを勧めているが、持病のある方や体調に不安のある方は主治医と相談のうえで試してほしい。大切なのは朝の過ごし方を変えることであって、くれぐれも無理は禁物だ。

byハル

【著者】

ハル・エルロッド

キーノートスピーカー。ポッドキャスト「Achieve Your Goals」のホスト。37の言語に翻訳され、300万部以上を売り上げた12冊以上の著書をもつ作家で、14年間連れ添った妻の忠実な夫であり、2人の子どもの献身的な父親。
20歳のとき、時速70マイル以上のスピードで走る飲酒運転の車に正面衝突され、心臓が6分間止まり、11本の骨を折り、脳に損傷を負い、医師からは二度と歩けないと告げられたが、「モーニングメソッド」で克服した。誰もがどんな逆境も克服し、理想の人生を送れることを、身をもって示している。
著者サイト：https://halelrod.com/

【訳】

鹿田昌美(しかた・まさみ)

翻訳者。国際基督教大学卒。訳書に『フランスの子どもは夜泣きをしない』(集英社)、『レディ・レッスン』(大和書房)、『なぜ男女の賃金に格差があるのか』(慶應義塾大学出版会)、『母親になって後悔してる』(新潮社)など多数。著書に『翻訳者が考えた「英語ができる子」に育つ本当に正しい方法』(飛鳥新社)がある。
訳書リスト：https://mamin.biz/

[新版《しんぱん》]人生《じんせい》を変《か》えるモーニングメソッド
自由《じゆう》に機嫌《きげん》よく生《い》きている人《ひと》が、毎朝《まいあさ》していること。

2025年4月25日 第1刷発行

著　者　ハル・エルロッド
訳　者　鹿田昌美《しかたまさみ》
発行者　佐藤　靖
発行所　大和《だいわ》書房
東京都文京区関口1-33-4
電話　03-3203-4511
カバーデザイン　山田和寛＋竹尾天輝子(nipponia)
本文デザイン　荒井雅美(トモエキコウ)
校　正　鷗来堂
本文印刷所　信毎書籍印刷
カバー印刷所　歩プロセス
製本所　ナショナル製本

ISBN978-4-479-79828-6
乱丁・落丁本はお取り替えいたします。
http://www.daiwashobo.co.jp